Siyang Sun 2a

WÖRTERBUCH
für Kinder der Grundschule

von Gerhard Sennlaub

Redaktion: Barbara Schmid-Heidenhain, Ute Kister
Lay-out und technische Umsetzung: Katharina Wolff
Umschlagillustration: Silvio Neuendorf
Umschlaggestaltung: Katharina Wolff
Grafik: Silvio Neuendorf, Ines Rarisch, Detlev Schüler, Silke Voigt

Beratung für die Begegnungssprachen:
Allgemeine Beratung und Koordinierung/Griechisch/Türkisch: Jürgen Rohde
Einzelberatung: Ibrahim Hancioglu (Türkisch), Dr. Ruth Horie (Englisch), Barbara di Pace (Italienisch), Jürgen Rohde (Französisch), Hans Schermer (Niederländisch), Barbara Thanos (Griechisch), Annemarie Wendel (Dänisch), Heike Wendel (Spanisch), Alojcija Wilmes (Serbokroatisch), Anna Zalewski (Polnisch), Dana Poetsch (Tschechisch)

Quellen für die Vornamen:
Gesellschaft für deutsche Sprache, Wiesbaden (Wilfried Seibicke): Listen der beliebtesten Vornamen 1993, 1994, 1995, 1996. Standesämter Berlin-Mitte, Bielefeld, Bremen-Mitte, Dresden und Wiesbaden: Listen der häufigsten Vornamen 1997. Standesamt Freiburg im Breisgau: Liste aller Vornamen 1997. Drosdowski, Günther: Duden-Lexikon der Vornamen. Mannheim/Wien/Zürich: Bibliographisches Institut 1974. Weitershaus, Friedrich-Wilhelm: Vornamenbuch. München: Mosaik-Verlag 1995

Quellen für etymologische Texte:
Autorenkollektiv des Zentralinstituts für Sprachwissenschaft: Etymologisches Wörterbuch des Deutschen (3 Bde.). Berlin: Akademie-Verlag 1989. Kluge, Friedrich: Etymologisches Wörterbuch der deutschen Sprache. Berlin/New York: Walter de Gruyter [21]1975. Wissenschaftlicher Rat der Duden-Redaktion (Hg.): Duden-Etymologie. Der große Duden: Band 7. Mannheim/Wien/Zürich: Bibliographisches Institut 1963

Cornelsen online http://www.cornelsen.de

2. Auflage € Druck 8 7 6 5 Jahr 06 05 04 03

Druck: Parzeller, Fulda

ISBN 3-464-61099-3 (broschiert)
3-464-61252-X (gebunden)

Bestellnummer 610993 (broschiert)
612520 (gebunden)

…refreiem Papier, umweltschonend hergestellt aus chlorfrei gebleichten Faserstoffen.

WÖRTERBUCH

für Kinder der Grundschule

Corne

Gedruckt auf s

INHALTSVERZEICHNIS

LIEBE KINDER,

in diesem Wörterbuch findet ihr auf den Seiten
62–205 und 238 viele Kindernamen.*
Eure sind sicherlich mit dabei.
Manche Kinder haben sehr selten vorkommende
Namen. Darüber freuen sie sich mit Recht.
Aber für alle seltenen Namen war in diesem Buch
beim besten Willen kein Platz oder
wir kannten sie nicht.

Wenn euer Name nicht im Buch steht,
schreibt ihn uns.
Dann wird er bei einer Neuauflage auf den
letzten beiden Seiten abgedruckt.

* Drei der Namen in den Kästen an der oberen Linie werden übrigens als Kindernamen von keinem deutschen Standesamt genehmigt.

AUFGABEN

Wie man Wörter nachschlägt

Hier kannst du selbstständig lernen, wie man Wörter im Wörterbuch findet. Deine Lehrerin oder dein Lehrer braucht dir nicht zu helfen.

Nimm dir jeden Tag höchstens zwei Aufgaben vor. Schlaue Kinder erfinden zusätzliche Aufgaben, suchen sich einen Partner und stellen einander eigene Aufgaben.

Aufgaben

1. Lies das ABC-Gedicht oft laut. Lerne es auswendig. Sprich es immer wieder in den nächsten Tagen.

2. Wenn du das ABC-Gedicht auswendig kannst, sprich es deiner Mutter vor.

3. Schreibe die vier Zeilen des Gedichts untereinander – aber nur die Buchstaben.

4. In welcher Zeile des Gedichts steht der Buchstabe?
1. B **2. N** **3. I** **4. X** **5. E** **6. U**
Schreibe jedes Mal die ganze Zeile.
So: 1. A B C D E F G
2. …

5. Sprich das ABC-Gedicht möglichst oft anderen Kindern vor. Wenn sie sich beschweren, kannst du es auch singen.

6. Welche drei Buchstaben stehen danach?

1. G 2. P 3. W 4. K 5. C 6. H

Schreibe so: 1. G H I J
2. ...

7. Welche beiden Buchstaben stehen davor?

1. Q 2. W 3. G 4. E 5. K

Schreibe so: 1. O P Q, 2. ...

8. Welcher Buchstabe steht davor, welcher danach?

1. C 2. F 3. J 4. V 5. S 6. N
7. E 8. W 9. A 10. O 11. Z 12. L

Schreibe so: 1. B C D, 2. ...

9. Ordne diese Namen nach den Anfangsbuchstaben:
Dagmar, Vanessa, Marie, Pauline, Claudia, Tanja, Lollipop

Schreibe so: Claudia, ...

10. **Mama, Papa, Oma, Tante, Bruder, Schwester, Uroma, Vetter, Kater, Dackel**

Mache dir eine ABC-Liste.
Ordne diese Wörter ein. So:

Lass ein anderes Kind kontrollieren.

11. Benutze von nun an das **erste Wörterverzeichnis.**
Es sind die Seiten mit dem gelben Rand oben.
Auf welcher Seite stehen die Wörter, die mit **Q, J, P, I, N, V** anfangen? Schreibe so: Q: Seite 45, J: ...

12. Auf welcher Seite stehen die Wörter, die mit **Scho, Fi, J, Ei, U, Ga, Da, O, Za** und **I** anfangen?
Schreibe so: Scho 49, Fi ...

13. **Abend, Bett, Feld, Gesicht, Hund, Vater, Katze, Luft, Papa, Zoo, Mittwoch**
Diese Wörter sind nach dem ABC geordnet. Zwei sind falsch eingeordnet. Ordne sie richtig und schreibe alle.
Lass ein anderes Kind kontrollieren.

14. Auf welcher Seite im Wörterbuch stehen die Wörter, die mit **He, Wa, Ab, Ra, Eb, Q, Si, Mu, To, De** und **Ei** anfangen? Schreibe so: He 33, Wa ...

15. Suche im Wörterbuch die Namen von Tieren, die so anfangen: **Ma, V, P, Ka, Fi, I, El, Ha**
Schreibe mit Seitenzahl. So: Maus 40, ...

16. Ordne diese Namen nach den Anfangsbuchstaben:
Katja, Melanie, Paul, Stefanie, Achmed, Barbara, Robert, Helmut, Tatjana, Willi
Schreibe so: Achmed, Barbara, ...
Lass ein anderes Kind kontrollieren.

17. **Affe, Vogel, Pferd, Hase, Maus, Königin, Ente, Igel, Floh, Clown, Drache**

Mache dir eine ABC-Liste und ordne die Wörter ein. So:

Lass ein anderes Kind kontrollieren.

18. Schreibe alle Monatsnamen mit der Seitenzahl.
So: Januar 35, Februar 26, ...

19. Wie heißt das letzte Wort im Wörterbuch, das so anfängt?
Fe, Zi, bl, Te, zw, Bu, We, De, Ei, Wa, Du, vo, fo
Schreibe so: Feuer, Zimmer, ...

20. Suche Namen von Körperteilen, die so anfangen:
Fi, Au, Be, Ko, Ar, Fu, Ba, Ha, Na, Mu, Ha
Schreibe so: Finger 27, ...

21. Auch Wörter, die alle mit dem gleichen Buchstaben anfangen, kannst du nach dem ABC ordnen.
Dann kommt es nicht auf den ersten, sondern auf den zweiten Buchstaben an.
Abend, Auge, Affe, Ast, Anfang, Apfel, Arbeit, Ampel
Lege dir eine Tabelle an und schreibe die Wörter dazu:

Lass ein anderes Kind kontrollieren.

22. Ordne alle Zahlwörter von eins bis zehn nach dem ABC.
Kontrolliere erst nachher im Wörterverzeichnis, ob du alles richtig hast.

23. **Bett, Baby, Brille, Blume, Bus, Bild, Bohne**
Lege wieder eine Tabelle an und ordne die Wörter.
Lass auch wieder ein anderes Kind kontrollieren.

24. Drei der folgenden Seitenzahlen sind falsch.
Schreibe nur die drei Wörter, bei denen die Seitenzahl nicht stimmt.
blau 20, rot 47, gelb 29, schwarz 49, weiß 58, bunt 21, grün 31, groß 30, klein 36, dumm 22, ruhig 46
Zähle die drei falschen Seitenzahlen zusammen.
Wenn du 99 hast, ist alles richtig.

25. Alle Wortpaare stehen auf ein und derselben Seite.
Nur drei nicht. Welche?
Schreibe die drei Paare ins Heft.

Apfel – April	**Feier – Feind**	**Roller – Rock**
Wasser – Weg	**Juni – Igel**	**Bett – Bild**
Zahl – Zug	**Freund – Friede**	**Licht – Luft**
Eis – Ecke	**Vogel – Vater**	**Musik – Mann**

Lass wieder ein anderes Kind kontrollieren.

26. Suche Wörter, die sagen, wie Kinder sein können.
Sie fangen so an:
lu, kl, kl, fr, fr, di, kr, br, li, gr
Schreibe so: lustig, ...

27. Achtung: **ä** ist wie **a** eingeordnet, **ö** wie **o**, **ü** wie **u** und **äu** wie **au**. Das kannst du dir leicht merken: Alle Buchstaben mit Pünktchen sind so eingeordnet, als hätten sie keine Pünktchen. Ordne nach dem ABC:
antworten, arbeiten, zählen, hören, setzen, fahren, führen, rennen, rollen, wünschen
Lass ein anderes Kind kontrollieren.

28. Alle diese Wörter stehen im ersten Wörterverzeichnis.
Nur vier haben sich dazwischengemogelt.
Schreibe nur diese vier.
bauen, verlieren, beißen, trinken, schlafen, bücken, denken, quatschen, brüllen, grüßen, liegen, ordnen, gewinnen, zanken

29. Welche dieser Wörter schreibt man groß?
GLÜCK, ARBEIT, ZEIT, QUATSCH, HUNDERT, WIND, MUT, ANGST, HUNGER, DUMM, SCHLAFEN
Schreibe nur die Wörter, die man großschreibt.
Lass ein anderes Kind kontrollieren.

30. Bei diesen Wörtern fehlen die schwierigsten Buchstaben.
Schreibe sie richtig in dein Heft. (NICHT INS BUCH!)
Flugzeu__, hoffen__lich, tausen__, Anfan__, trauri__, nieman__, bei__en, Gra__

31. **Stadt, Lehrerin, Freundin, Bus, Boden, Wind, Holz**
Wie heißen mehrere?
Schreibe so: Stadt – Städte, ...
Kontrolliere mit dem Wörterbuch.

32. Im **zweiten Wörterverzeichnis** gibt es Hauptstichwörter und Nebenstichwörter. Die Hauptstichwörter sind **fett** gedruckt. Beim schnellen Suchen guckt man natürlich auf die Hauptstichwörter.
Wenn du aber beim Suchen merkst, dass du ganz nahe bei dem gesuchten Wort bist, musst du auch auf die Nebenstichwörter achten.
Suche diese Nebenstichwörter und schreibe die Seitenzahlen:
ausnahmsweise, Flüchtling, Niederlage, blitzartig, bergauf, Mahnung, Mannschaft, Diktat
Vergleiche mit einer Partnerin oder einem Partner.

33. Du weißt ja: Wenn die ersten Buchstaben gleich sind, ordnet man nach dem zweiten. Wenn die aber ebenfalls gleich sind?
Dann ordnen wir eben nach dem dritten. Und wenn auch die gleich sind? Nach dem vierten! Und so weiter.

Beispiel:

34. Schreibe eine ABC-Liste und ordne ein:
Indianer, innen, Infektion, Insekt, Inhalt, informieren

35. Bei diesen Wörtern fehlen die schwierigsten Buchstaben. Schreibe sie richtig in dein Heft. (NICHT INS BUCH!)
Eishock__, to__müde, Talisma__, __ampir, Klini__, freun__lich, Erlaubni__, Aben__euer

36. Schreibe eine ABC-Liste und ordne ein:
Eiche, Eid, eilen, eigentlich, einbrechen, Eisen, eitel

37. Schreibe noch eine ABC-Liste und ordne ein:
Eleonore, Ellbogen, elf, Elisabeth, Eltern, Elsbeth, Elvira

38. Ein Wort ist falsch eingeordnet. Welches?
Abend, Abfall, Abgrund, Ablenkung, Abteil, Abmeldung, Absatz
Schreibe alle Wörter in richtiger Reihenfolge.

39. Diesmal sind zwei Wörter von Seite 204 falsch eingeordnet.
Welche? Schreibe die richtige Reihenfolge.
Zimt, Zinn, zivil, Zipfel, Zirkel, Zitrone, zischen

40. Im zweiten Wörterverzeichnis steht immer erst die Einzahl (der Singular), dann die Mehrzahl (der Plural).
Das Wort „Abfälle“ findest du also unter „Abfall“.

Suche diese Wörter und notiere dir ihre Seitenzahl:
Käuze, Hände, Idioten, Keulen, Gurken, Kisten

Zähle die Seitenzahlen zusammen.
Wenn sich 725 ergibt, hast du alles richtig.

41. Viele Wörter haben eine Vorsilbe. Beispiel: **ab**lecken, **vor**sagen. Für so viele Wörter reicht der Platz dieses Buchs nicht. Das Wort „**ab**lecken“ ist z. B. nicht zu finden, aber „lecken“. Suche und schreibe mit Seitenzahl:
wegschmeißen, durchnehmen, abholen, runterspringen, ausschimpfen, abschießen
So: schmeißen 171, …
Vergleiche mit einem anderen Kind.

42. Viele Nomen (Substantive, Namenwörter) sind aus zweien zusammengesetzt.
Beispiel: **Blumen|beet**. Auch die haben nicht alle Platz.
Aber du kannst die Teile getrennt nachschlagen.
„Blume" steht im Wörterbuch, und „Beet" auch.
Meersalz, Parfümflasche, Handgelenk, Gewitterwolke, Jugendherberge
Suche und schreibe jedes Mal beide Seitenzahlen.
So: Meersalz: 142 und 166, …

43. Manchmal sind Nomen (Substantiv, Namenwort) und Verb (Zeitwort, Tätigkeitswort, Tunwort) zusammengewachsen.
Beispiel: „Herz" + „klopfen" zu „Herzklopfen".
Auch hier kannst du getrennt nachschlagen.
So: Herzklopfen: 117 und 128, …
Schreibe genauso von **Bohrmaschine, Tretroller, Schrittzähler** und (Achtung!) **Rücksichtnahme**

44. Von jedem Verb (Zeitwort, Tätigkeitswort, Tunwort) gibt es viele verschiedene Formen.
Die wichtigsten stehen im Wörterbuch.
Sie sind Nebenstichwörter der Grundform.
Beispiel: „schlief" findest du hinter „schlafen".
Suche und schreibe mit Seitenzahl:
schrie, geschlossen, las, trug, gebissen, aß
Lass von einem anderen Kind kontrollieren.

1. WÖRTERVERZEICHNIS

für das 2. Schuljahr

Wichtige Wortarten erkennst du an den Farben.

ab
der Abend
die Abende
abends
aber
ach
acht
der Affe
die Affen
alle
allein
alles
als
also
alt
am

die Ampel
die Ampeln
an
andere
ändern
anders
der Anfang
die Anfänge
anfangen
die Angst
die Ängste
anrufen
die Antwort
die Antworten
wir antworten
anziehen

der Apfel
die Äpfel
der April
die Arbeit
die Arbeiten
wir arbeiten
der Arbeiter
die Arbeiter
er arbeitet
der Arm
die Arme
der Arzt
die Ärzte

er aß
der Ast
die Äste
auch
auf
die Aufgabe
die Aufgaben
das Auge
die Augen
der August
aus
das Auto
die Autos

Ba 

das Baby
die Babys
der Bach
die Bäche
wir backen
der Bäcker
die Bäcker
sie backt
das Bad
wir baden
die Bäder
sie badet
der Bagger
die Bagger
die Bahn
die Bahnen
bald
der Ball

die Bälle
ich band es fest
die Bank
die Bänke
der Bär
die Bären
basteln
er bastelt
sie bat mich
der Bauch
die Bäuche
bauen
der Bauer
die Bäuerin
die Bauern
der Baum
die Bäume
er baut ein Haus

es begann
beginnen
bei
beide
beim Essen
das Bein
beinahe
die Beine
das Beispiel
die Beispiele
beißen
er bekam
bekommen

der Berg
die Berge
besonders
besser
bestimmt nicht
der Besuch
die Besuche
besuchen
beten
das Bett
die Betten
bewegen
bezahlen
er bezahlt

Bi bis Bl 

das Bild
die Bilder
billig
ich bin
wir binden
die Birne
die Birnen
bis morgen
er biss mich
ein bisschen
du bist da
bitte komm!
bitten
das Blatt
die Blätter

blau
bleiben
sie bleibt
er blieb dort
blöde
blühen
es blüht
die Blume
die Blumen
die Blüte
die Blüten
bluten

der Boden
die Böden
die Bohne
die Bohnen
das Boot
die Boote
böse
er brach ab
er brachte
es brannte
der Braten
die Braten
brauchen
braun
brechen
brennen
es bricht ab

der Brief
die Briefe
die Brille
die Brillen
bringen
er bringt
das Brot
die Brote
der Bruder
die Brüder
das Buch
die Bücher
bücken
bunt
der Bus
die Busse
die Butter

der Christ
die Christen
das Christkind
der Clown

der Computer
die Computer

dabei
ich dachte
damals
danken
sie dankt
dann
ich darf das
darin
darum
das
davon

decken
er deckt
dein
dem
gib den Ball!
gib denen nichts!
denken
wo denn ?
der
deutsch
der Dezember

dich
dicht
dick
dicker
die
dienen
der Dienstag
die Dienstage
diese
dieser
dieses
das Ding
die Dinge
dir
doch
der Donnerstag
die Donnerstage
doof
das Dorf
die Dörfer
dort
die Dose
die Dosen
draußen
drei
drücken
er drückt
du
dumm
dunkel
dünn
durch
dürfen
ich durfte
der Durst

eben gerade
die Ecke
die Ecken
das Ei
die Eier
eigene
eigentlich
eilen
der Eimer
die Eimer
ein

ein bisschen
eine
in einem Haus
gib einen Kuss!
einer
eines Tages
einfach
einige
einmal
eins
das Eis

der Elefant
die Elefanten
elf
die Eltern
das Ende
die Enden
endlich !
eng
die Ente
die Enten
er
die Erde
die Erden
erklären
erlauben
der Ernst
sie erschrak

wir erschrecken
sie erschrickt
erschrocken
erst
erste
erzählen
es
der Esel
die Esel
das Essen schmeckt
wir essen
etwa
etwas
euch
euer
eure
ewig

Fa bis Fe

die Fahne
fahren
sie fährt
die Fahrt
die Fahrten
fallen
sie fällt
falsch
die Familie
die Familien
ich fand etwas
fangen
es fängt an
fassen
sie fasst an
sie fasste an
fast acht Uhr
der Februar

fehlen
der Fehler
feiern
die Feier
fein
der Feind
die Feinde
das Feld
die Felder
das Fenster
die Fenster
die Ferien
fernsehen
fertig
fest zugebunden
das Fest feiern
die Feste
das Feuer

er fiel
finden
sie findet
er fing
es fing an
der Finger
die Finger
der Fisch
die Fische
die Flasche
die Flaschen
das Fleisch
die Fliege
die Fliegen

wir fliegen
er fliegt
fliehen
fließen
er flog
er floh
der Floh
die Flöhe
es floss
der Flügel
die Flügel
das Flugzeug
die Flugzeuge
wir folgen
fort

Fr bis Fu

wir fragen
er fragt
er fraß
die Frau
die Frauen
frech
frei
der Freitag
die Freitage
fremd
fressen
freuen
der Freund
die Freunde
die Freundin
die Freundinnen
freundlich
der Friede oder:
der Frieden
frisch
er frisst
froh
früh
der Frühling
ich fuhr
führen
fünf
für
der Fuß
die Füße
das Futter

sie gab mir
ganz fertig
gar
der Garten
die Gärten
geben
hat gebeten
hat gebissen
hat gebrochen
ist gebunden
die Geburt
die Geburten
der Geburtstag
die Geburtstage
die Gefahr
die Gefahren
gefährlich
gefallen

es gefiel mir
ist geflossen
hat gefunden
ist gegangen
gegen
hat gegessen
hat gegossen
hat gehabt
gehen
hat geholfen
er geht
der Geist
hat geklungen
hat gelassen
gelb
das Geld
hat gelegen
das Gemüse

genau
hat genommen
genug
gerade
hat gerissen
gern
das Geschäft
die Geschäfte
das Geschenk
die Geschenke
die Geschichte
die Geschichten
das Geschirr
hat geschlossen
hat gesessen
das Gesicht
die Gesichter
hat gesprochen

ist gesprungen
gestern
gesund
hat gesungen
ist gesunken
hat getan
hat getroffen
hat getrunken
er gewann
ist gewesen
gewinnen
sie gewinnt
hat gewonnen
ist geworden
hat geworfen

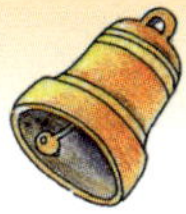

er gibt
wir gießen
es ging
das Glas
die Gläser
glatt
glauben
gleich schnell
die Glocke
die Glocken
das Glück
es goss
wir graben
sie gräbt
das Gras
die Gräser
greifen
die Grenze
die Grenzen
sie griff
groß
größer
er grub
grün
der Grund
die Gründe
die Gruppe
die Gruppen
guck mal!
gut

Ha

das Haar
die Haare
haben
ihr habt Zeit
halb
sie half mir
der Hals
die Hälse
er hält fest
wir halten fest
die Hand
die Hände
handeln
hart
der Hase
die Hasen
du hast Geld
sie hat
er hatte
er hätte
das Haus
nach Hause
zu Hause
die Häuser

heben
das Heft
die Hefte
heil
heiß und kalt
heißen
er heißt
helfen
hell
das Hemd
die Hemden

her damit!
heraus
der Herbst
herein
der Herr
die Herren
herunter
das Herz
die Herzen
heute

sie hielt fest
hier
er hieß
es hilft nichts
der Himmel
die Himmel
hin
hinaus
hinein
hinten
hinter
er hob auf
hoch
der Hof
die Höfe
hoffen
hoffentlich
holen
du holst
er holt
das Holz
die Hölzer
hören
du hörst
der Hort
die Horte
die Hose
die Hosen
der Hund
die Hunde
hundert
der Hunger

ich

der Igel

die Igel

gib ihm etwas!

lass ihn los!

mit ihnen zusammen

ihr

ihre

im Zimmer

immer

in dem Haus

innen drin

ab ins Bett!

sie irren sich

er isst es auf

es ist Zeit

ja

das Jahr

die Jahre

der Januar

jede

jeder

jemand

jetzt

der Juli

jung

der Junge

die Jungen

der Juni

der Kaffee
kalt
er kam
er kann
du kannst
er kannte
kaputt
der Käse
die Kasse
die Kassen
der Kasten
die Kästen
die Katze
die Katzen
kaufen
sie kauft
kein
kennen

das Kind
die Kinder
das Kino
die Kinos
klar
die Klasse
die Klassen
kleben
das Kleid
die Kleider
klein
klingen
es klingt
klug
das Knie
die Knie
knurren
er knurrt

kochen
der Koffer
die Koffer
kommen
du kommst
er kommt
der König
die Könige
die Königin
können
er konnte
das Korn
die Körner
der Kopf
die Köpfe

die Kosten
sie kosten
es kostet
der Krach
die Kräche
krank
kriegen
er kriegt
die Küche
die Küchen
der Kuchen
die Kuchen
die Kuh
die Kühe
kurz

lachen
sie lacht
der Laden
die Läden
er lag
die Lampe
das Land
die Länder
lang, lange
langsam
sie las ein Buch
lass das!
sie lassen los
er lässt los
laufen
du läufst
sie läuft
laut rufen

das Leben
wir leben
leer
legen
du legst
sie legt
der Lehrer
die Lehrer
die Lehrerin
die Lehrerinnen
leicht
Leid tun
sie leiden darunter
leise
lernen
lesen
der letzte Baum
die Leute

das Licht
die Lichter
lieb
lieben
lieber
das Lied
die Lieder
sie lief
liefern
sie liegen
du liegst
sie liegt
sie ließ los

sie liest ein Buch
die linke Hand
links
sie litt sehr
das Loch
die Löcher
der Löffel
die Löffel
lass los!
die Luft
die Lüfte
lustig

machen
er macht
das Mädchen
die Mädchen
ich mag es
der Mai
geh mal weg!
wir malen Bilder
sie malt ein Bild
die Mama
man sieht es
manch
manchmal
der Mann
die Männer
die Mark
der März
das Maß
die Maße
die Maus
die Mäuse
mehr wert
mein Ball
meine Mutter
meinen
melden
die Menge
die Mengen
der Mensch
die Menschen
merken
messen
das Messer
die Messer
das/der Meter
die Meter

mich
die Milch
mir
sie misst die Länge
mit
der Mittag
die Mittage
die Mitte finden
der Mittwoch
die Mittwoche
ich mochte
ich möchte
mögen
möglich
der Monat
die Monate
der Montag
die Montage
der Morgen
die Morgen
bis morgen
morgens
müde
die Mühe
die Mühen
der Müll
der Mund
die Münder
die Musik
sie muss
müssen
sie musste
der Mut
mutig
die Mutter
die Mütter

N

nach
der Nachmittag
die Nachmittage
der nächste Tag
die Nacht
die Nächte
der Nagel
die Nägel
nah
er nahm
der Name
die Namen
nämlich
er nannte
die Nase
die Nasen
nass
natürlich

neben
nehmen
nein
nennen
das Nest
die Nester
neu
neun
nicht
nichts
nie
niemand
er nimmt
noch
die Not
der November
nun
nur

ob
oben
obwohl
oder
der Ofen
die Öfen
lass offen!
oft
ohne
das Ohr
die Ohren
der Oktober
die Oma
die Omas
der Onkel
die Onkel
der Opa
die Opas
ordentlich
ordnen
die Ordnung
die Ordnungen
der Ort
die Orte

P

ein paar Sachen
wir packen
er packt
das Paket
die Pakete
der Papa
das Papier
die Papiere
die Pappe
die Pappen
sie passen
es passt
die Pause
die Pausen
der Pfennig
die Pfennige
das Pferd
die Pferde

die Pflanze
die Pflanzen
sie pflanzt
der Plan
die Pläne
der Platz
die Plätze
ganz plötzlich
die Post
der Preis
die Preise
prüfen
sie prüft
der Punkt
die Puppe
die Puppen
putzen
er putzt

der Quark
der Quatsch
quer
quietschen

das Rad
die Räder
ich rannte
rasch
sie rasen
wir raten
der Raum
die Räume
rechnen
die rechte Hand
rechts
sie reden
er redet

das Regal
die Regale
der Regen
regnen
reich werden
die Reihe
die Reihen
die Reise
die Reisen
wir reisen
sie reißen kaputt
sie rennen
er rennt
retten

richtig
riechen
er rief
sie riet mir
der Ring
die Ringe
es riss
es roch
der Rock
die Röcke
sie rollen
der Roller
die Roller
es rollt
rot
der Rücken
die Rücken
rufen
er ruft
ruhig
rund
die Rutsche
die Rutschen
wir rutschen

die Sache
die Sachen
sie sagen
sie sagt
sie sah
der Salat
die Salate
der Samstag
die Samstage

der Sand
die Sande
sie sandte
sie sang schön
sie sank unter
sie saß
der Satz
die Sätze
sauber
sausen

Scha bis Schn

scharf
schauen
scheinen
schenken
er schenkt
die Schere
die Scheren
schicken
er schickt
schief
es schien
das Schiff
die Schiffe
schlafen
er schläft
schlagen
sie schlägt
schlau

schlecht
er schlief fest
schließen
der Schlitten
die Schlitten
sie schloss ab
er schlug vor
der Schluss
der Schlüssel
die Schlüssel
schmecken
schmücken
er schmückt
schmutzig
der Schnee
wir schneiden
schnell
sie schnitt

die Schokolade
schon
schön
der Schrank
die Schränke
sie schreiben
sie schreibt
schreien
sie schrie
sie schrieb
die Schrift
die Schriften
der Schuh
die Schuhe
die Schule
die Schulen
der Schüler
die Schüler

die Schülerin
die Schülerinnen
die Schüssel
die Schüsseln
sie schützen
er schützte
schwach
ich schwamm
der Schwanz
die Schwänze
schwarz
schwer
die Schwester
die Schwestern
schwimmen
sie schwimmt

sechs
der/die See
die Seen
sehen
sehr
ihr seid
die Seife
die Seifen
das Seil
die Seile
in sein Ohr
in seine Nase
in seiner Tasche
seit gestern
die Seite
die Seiten
selber
selbst

selten
senden
der September
setzen
er setzte
sich
sicher
sie
sieben
sie siegen
du siehst
er sieht
wir sind
singen
er singt ein Lied
sinken
sie sinkt unter
wir sitzen oben

so
sofort
sogar
der Sohn
die Söhne
der Soldat
die Soldaten
wir sollen bleiben
der Sommer
die Sommer
sondern
der Sonnabend
die Sonnabende
die Sonne
die Sonnen
der Sonntag
die Sonntage
sonst

der Spaß
die Späße
spät
sperren
sie sperrt
das Spiel
die Spiele
spielen
du spielst
sie spielt
spitz
der Sport
sie sprach
sie sprang
sprechen
sie spricht
springen
sie springt

St bis Su

der Staat
die Staaten
die Stadt
die Städte
er stand
stark
stecken
stehen
er steht
steigen
der Stein
die Steine
die Stelle
die Stellen
wir stellen es hin
ich stieg
sei still !
sie stimmen zu

der Stoff
die Stoffe
stolz
stoßen
sie stößt weg
die Straße
die Straßen
der Streit
die Stube
das Stück
die Stücke
der Stuhl
die Stühle
die Stunde
die Stunden
suchen
die Suppe
süß

die Tafel
die Tafeln
der Tag
die Tage
die Tante
die Tanten
die Tasche
die Taschen
die Tasse
die Tassen
es tat weh
wir taten es
tauchen
er taucht
tausend
der Tee

der/das Teil
die Teile
teilen
das Telefon
die Telefone
der Teller
die Teller
teuer
der Text
die Texte
tief
das Tier
die Tiere
der Tisch
die Tische

To bis Tu

die Tochter
die Töchter
toll
der Topf
die Töpfe
das Tor, die Tore
die Torte
die Torten
tot umfallen
sie traf
sie tragen
sie trägt
sie trank
er trat mich
der Traum
die Träume
traurig
wir treffen

treiben
trennen
treten
treu
sie trieb
sie trifft
trinken
trocken
trotzdem
sie trug
das Tuch
die Tücher
tun
die Tür, die Türen
wir turnen
sie tut das
die Tüte
die Tüten

üben
über
überall
überhaupt
übrig
die Übung
die Übungen

die Uhr
die Uhren
um
und
der Unfall
die Unfälle
uns
unser
unten
unter

V

der Vater
die Väter
er vergaß
vergessen
sie vergisst das Heft
verkaufen
der Verkehr
verletzen
verlieren
er verlor
sie verstand es
verstehen
viel Zeit
viele Leute

vielleicht
vier
der Vogel
die Vögel
das Volk
die Völker
voll
vom
von
vor
vorbei
vorher
vorn
vorsichtig

wach
wachen
wachsen
es wächst
der Wagen
die Wagen rollen
wahr, nicht gelogen
während
der Wald
die Wälder
die Wand
die Wände
wandern
sie wandert

wann und wo
es war einmal
es wäre schön
es waren einmal
er warf
warm
warnen
warten
warum
was
waschen
sie wäscht
das Wasser
die Wasser

We

geh **weg**!
der **Weg**
die **Wege**
wegen
wehtun
weich
das **Weihnachten**
weil
weinen
du **weinst**
er **weint**
ich **weiß**
weiß und schwarz

weit und breit
weiter
welche
die **Welt**
die **Welten**
wem gehört das?
wen sehe ich?
wenig
wenn ich komme
wer kommt?
wir **werden** rufen
werfen
das **Wetter**
die **Wetter**

wie
nie wieder
die Wiese
die Wiesen
wild
er will
du willst
der Wind
die Winde
der Winter
wir
es wird
er wirft
wirklich schön
du wirst krank
wir wissen
wo
die Woche

die Wochen
wohl
wohnen
die Wohnung
die Wohnungen
die Wolke
wollen
ich wollte
das Wort
die Wörter
sie wuchs schnell
die Wunde
wünschen
es wurde hell
die Wurst
die Würste
sie wusch
er wusste

die Zahl
die Zahlen
wir zahlen ein
sie zählen
der Zahn
die Zähne
der Zaun
die Zäune
zehn, elf, zwölf
zeigen
die Zeit
die Zeiten
die Zeitung
die Zeitungen
ziehen
das Zimmer
die Zimmer
sie zog

der Zoo
die Zoos
zu
zuerst
der Zug
die Züge
zuletzt
zum
zur
zurück
zusammen
zwanzig
zwar
zwei
der Zweig
die Zweige
zwischen
zwölf

2. WÖRTERVERZEICHNIS

für das 3./4. Schuljahr

In diesem Wörterverzeichnis findest du auch Wörter aus elf anderen europäischen Sprachen. Um Platz zu sparen, werden diese Sprachen oft mit Autokennzeichen benannt:

CZ – Tschechien
DK – Dänemark
E – Spanien
F – Frankreich
GB – Großbritannien
GR – Griechenland
I – Italien
NL – Niederlande
PL – Polen
TR – Türkei

SKr: Für Serbokroatisch gibt es kein Autokennzeichen, weil seine Dialekte in vier Ländern gesprochen werden: Bosnien, Jugoslawien, Kroatien und Slowenien. Dafür steht das Zeichen ***SKr***.

Wie man fremdsprachige Wörter ausspricht, steht oft in Klammern. Aber meist reichen unsere Buchstaben dafür nicht aus. Deshalb gibt es einige zusätzliche Zeichen:

å – ein Laut zwischen *a* und *o*
∂ – ein Lispellaut fürs Englische, Dänische, Griechische und Spanische, den dir Lehrerin oder Lehrer vorsprechen
ß – ein „scharfes" oder stimmloses *s*
~~sch~~ – Das durchgestrichene *~~sch~~* wird „mit Stimme" gesprochen wie in Gelee (*~~Sch~~elee*).
~~on~~ *~~an~~* *~~in~~* – Das sind „Nasallaute": Sie werden „durch die Nase" gesprochen. Zum Üben kannst du dir die Nase beim Sprechen zuhalten.

Wenn in einem Klammerwort ein kleiner Schrägstrich über einem Buchstaben steht, ist das ein Betonungszeichen, z. B. *(jássu)*.

Wenn ein Wort ein ✿ hat, findest du ab Seite 208 seine englische und französische Übersetzung.

der **Aal,** die Aale
Aaron *(Bergbewohner – Name aus der Bibel)*

Aaron

das **Aas**
ab und zu
das **ABC**
der **A|bend,** die Abende

> **Abend**
> **groß:**
> am Abend, jeden Abend
> eines Abends
> des Abends, heute Abend
> guten Abend, zu Abend
> essen, am Montagabend
>
> **klein:**
> abends, abendlich
> Im Zweifel großschreiben!

das **A|bend|land**
das **A|ben|teu|er,** die Abenteuer, abenteuerlich
a|ber
der **A|ber|glau|be,** abergläubisch
a|ber|mals
ab|fah|ren, die Abfahrt, die Abfuhr
der **Ab|fall,** die Abfälle
der/die **Ab|ge|ord|ne|te,** die Abgeordneten
der **Ab|grund,** die Abgründe
der **Ab|hang,** die Abhänge
ab|hau|en
das **A|bi|tur**
ab|kür|zen, die Abkürzung
ab|leh|nen, die Ablehnung
ab|len|ken, die Ablenkung
ab|ma|chen, die Abmachung
ab|mel|den, die Abmeldung
a|bon|nie|ren, das Abonnement (kurz: Abo)
der **Ab|satz,** die Absätze
der **Ab|schied,** verabschieden
ab|schlie|ßen, der Abschluss
ab|schnei|den, der Abschnitt
ab|schrei|ben, die Abschrift
ab|seits, der Spieler war abseits, stand im Abseits
ab|sen|den, der Absender
ab|set|zen, der Absatz
die **Ab|sicht,** die Absichten, absichtlich

Deutsch: Affe	*Tschechisch:* opice	*Französisch:* singe
Englisch: ape	*Serbokroatisch:* majmun	*Spanisch:* mono
Dänisch: abe	*Niederländisch:* aap	*Türkisch:* maymun

Agnes

ab|so|lut
ab|stam|men, die Abstammung
der **Ab|stand,** die Abstände
ab|stim|men, die Abstimmung
ab|stür|zen, der Absturz
das **Ab|teil,** die Abteile, die Abteilung
ab|trock|nen
ab|wärts
der **Ab|wasch,** abwaschen
ab|wech|seln, abwechselnd, die Abwechslung
ab|we|send
das **Ab|zei|chen,** die Abzeichen
ab|zie|hen, der Abzug
die **Ach|se,** die Achsen
acht*, achtzehn, achtzig

> acht (8)
> **klein**:
> heute um acht
> Sie ist acht (Jahre).
> **klein und zusammen**:
> achtmal, achtjährig
> **groß**:
> die Achte in der Reihe
> eine Acht fahren

Acht geben, gib Acht!, nimm dich in Acht!
die **Ach|tung**
äch|zen, du ächzt
der **A|cker,** die Äcker
ad|die|ren, sie addierte, die Addition
A|de sagen
der **A|del,** der Ad(e)lige
die **A|der,** die Adern
das **Ad|jek|tiv,** die Adjektive
der **Ad|ler,** die Adler
a|dop|tie|ren, er adoptierte, die Adoption
die **A|dres|se,** die Adressen, adressieren
die **A|dria**
Adrian *(Mann aus Adria – Ursprung römisch)*
der **Ad|vent,** der Adventskranz
das **Ad|verb,** die Adverbien
der **Af|fe***, die Affen
Af|ri|ka, der Afrikaner
ag|gres|siv
Agnes *(die Reine – Ursprung griechisch)*
ah|nen, sie ahnte, die Ahnung
ähn|lich, die Ähnlichkeit
die **Ah|nung,** die Ahnungen, ahnungslos
der **A|horn**
die **Äh|re,** die Ähren
das **Aids**
der **Ak|ku|sa|tiv** (4. Fall)
der **Ak|ro|bat,** die Akrobaten
die **Ak|te,** die Akten
die **Ak|tie,** die Aktien

Albert

ak|tiv,
die Aktivität
a|kut
der **A|larm,**
alarmieren
al|bern
Albert, Alberto *(von glänzender Abstammung – Ursprung deutsch)*
das **Al|bum,** die Alben
Alexander, Alexandra, Alessandra, Alessandro *(Menschen, die andere schützen – Ursprung griechisch)*
Alfred *(Ratgeber – englischer Name)*
Ali *(der Erhabene – arabischer Name)*
Alice, Alicia, Alice, Alisa *(von edler Art – englisch)*
Alina *(slawisch →* Helena*)*
der **Al|ko|hol,** alkoholfrei
der **Al|lah**
al|le, al|les
die **Al|lee,** die Alleen
al|lein
am **al|ler|bes|ten**
al|ler|dings
die **Al|ler|gie,** die Allergien
al|ler|hand
Al|ler|hei|li|gen
all|zu, allzu gut
die **Alm,** die Almen
die **Al|pen**

das **Al|pha|bet,** die Alphabete,
alphabetisch
der **Alp|traum**
als
al|so
alt*, älter, am ältesten

> alt
>
> **groß:**
> der Alte, die Alten
> alles bleibt beim Alten
> Alt und Jung
> etwas Altes sammeln
>
> **klein:**
> alte Leute, das alte Jahr

der **Al|tar,** die Altäre
das **Al|ter,** das Altersheim
die **Al|ter|na|ti|ve,**
die Alternativen
das **A|lu|mi|ni|um**
der **A|ma|teur** (sprich: *amatöhr*), die Amateure
die **A|mei|se,** die Ameisen,
der Ameisenhaufen
A|men, Amen sagen
A|me|ri|ka, der Amerikaner, amerikanisch
A|mok laufen
die **Am|pel,** die Ampeln
die **Am|phi|bie,** die Amphibien
die **Am|pul|le,** die Ampullen
am|pu|tie|ren,
die Amputation

Andrea

die **Am|sel,** die Amseln
das **Amt,** die Ämter, amtlich
an, ans (an das Haus)
die **A|na|nas**
an|bie|ten, das Angebot
die **An|dacht,** die Andachten, andächtig
das **An|den|ken,** die Andenken
an|de|re°, andernfalls
än|dern, sie änderte, die Änderung
an|ders, ein anderer Tag
an|dert|halb
Andrea, Andreas, Andi
(tapferer Mensch – Ursprung griechisch)
Französisch: **André** (Mann)
Andrée (Frau) *(~~an~~dree)*
Englisch: **Andrew, Andy** *(ändruh, ändi)*
Polnisch: **Andrzej** *(and~~sche~~j)*
Italienisch: **Andrea** (Mann!)
Spanisch: **Andrés**
an|ein|an|der
an|er|ken|nen, die Anerkennung
der **An|fall,** die Anfälle, anfällig
an|fan|gen, es fing an, der Anfang, der Anfänger
der **An|ge|ber,** die Angeber, angeben
an|geb|lich
der/die **An|ge|hö|ri|ge,** die Angehörigen
die **An|gel,** die Angeln, angeln
Angela, Angelina, Angélique, Angelika
(Engel, die Engelsgleiche – Ursprung griechisch)
die **An|ge|le|gen|heit,** die Angelegenheiten
an|ge|nehm
an|ge|sichts
der/die **An|ge|stell|te,** die Angestellten
sich **an|ge|wöh|nen,** die Angewohnheit
die **An|gi|na**
an|grei|fen, der Angriff
die **Angst,** die Ängste, ängstlich, er hat Angst
an|hand der Spuren
der **An|hän|ger,** die Anhänger
der **An|ker,** die Anker
an|kom|men, sie kam an
die **An|la|ge,** die Anlagen

Das römische Wort amator bedeutet u. a. *Liebhaber.* Bei den Franzosen wurde daraus amateur. Damit meinten sie einen, der aus Liebhaberei und nicht für Geld handelt.
Fast alle Europäer übernahmen das Wort in ihre Sprachen.

A B C D E F G H I J K L M N O P Q R S T U V W X Y Z

Anna

der **An|lass,** die Anlässe
an|leh|nen
an|mel|den, die Anmeldung
Anna, Anita, Anja *(die Liebevolle – Name aus der Bibel)*
Norddeutsch: **Anke, Antje**
Französisch: **Anne** *(ann)*, **Annette** *(annett)*
Schwed.: **Annika, Anika**
Englisch: **Ann** *(änn)*
an|neh|men, du nimmst an, die Annahme
die **An|non|ce,** die Annoncen
der **A|no|rak,** die Anoraks
an|re|den, die Anrede
an|ru|fen, der Anruf
die **An|sa|ge,** die Ansagen, die Ansagerin
an|schau|en, die Anschauung, anschaulich
an|schei|nend (es hat den Anschein), aber: →scheinbar
der **An|schlag,** die Anschläge
an|schlie|ßen, der Anschluss, anschließend
die **An|schrift,** die Anschriften
an|se|hen, die Ansicht

der **An|sporn**
die **An|spra|che,** die Ansprachen
der **An|spruch,** die Ansprüche
die **An|stalt,** die Anstalten
der **An|stand,** anständig
an|statt
an|ste|cken, ansteckend, die Ansteckung
an|stel|len
sich **an|stren|gen,** die Anstrengung, anstrengend
der **An|teil,** die Anteile
die **An|ten|ne,** die Antennen
an|tik, die Antike
die **An|ti|qui|tät,** die Antiquitäten
Anton, Toni *(Ursprung: ein alter römischer Name)*
Englisch: **Anthony** *(änðeni)*
Italienisch: **Antonio** (Mann), **Antonia** (Frau)
Französ.: **Antoine** *(~~an~~toan)*
der **An|trag,** die Anträge
ant|wor|ten, sie antwortete, die Antwort
der **An|walt,** die Anwälte
an|wei|sen, sie wies an, die Anweisung

Ein Wort wandert: ***italienisch***: appartamento, ***spanisch***: apartamento, ***französisch***: appartement. Von den Franzosen haben es Türken (apartman), Amerikaner und Engländer (apartment) und wir (Apartment/Appartement).

Arne

an|wen|den, die Anwendung
an|we|send
die **An|zahl**
die **An|zah|lung**
an|zei|gen, die Anzeige
an|zie|hen, die Anziehungskraft, der Anzug
an|zün|den
die **AOK** (Allgemeine Ortskrankenkasse)
das **A|part|ment,** die Apartments
der **Ap|fel***, die Äpfel
die **Ap|fel|si|ne***, die Apfelsinen
die **A|po|the|ke,** die Apotheken, die Apothekerin
der **Ap|pa|rat,** die Apparate
das **Ap|par|te|ment,** die Appartements
der **Ap|pe|tit,** appetitlich
der **Ap|plaus,** applaudieren
die **A|pri|ko|se,** die Aprikosen
der **A|pril***
das **A|qua|ri|um,** die Aquarien
der **Ä|qua|tor**
der **A|ra|ber,** die Araber, arabisch
ar|bei|ten, sie arbeitete, die Arbeit, der Arbeiter, die Arbeiterin, Arbeitgeber und Arbeitnehmer, arbeitsfähig
ar|beits|los, die Arbeitslosen, die Arbeitslosigkeit
der **Ar|chi|tekt,** die **Architektin,** die Architekten
das **Ar|chiv,** die Archive
arg, ärger
är|gern, er ärgerte, der Ärger, ärgerlich
das **Ar|gu|ment,** die Argumente, argumentieren
arm sein*, die Armut, der Arme, die Arme, ärmlich
der **Arm***, die Arme
die **Ar|mee,** die Armeen
der **Är|mel,** die Ärmel
Armin *(Name des germanischen Fürsten Arminius)*
Arnd, Arndt, Arne *(Herrscher wie ein Adler – alter deutscher Name)*
die **Art,** die Arten, die Art und Weise
ar|tig
der **Ar|ti|kel,** die Artikel
der **Ar|tist,** die **Artistin,** die Artisten, artistisch
die **Arz|nei,** die Arzneien
der **Arzt,** die **Ärztin,** die Ärzte
A|si|en, die Asiaten, asiatisch
der **As|phalt**
der **As|sis|tent,** die **Assistentin,** die Assistenten
der **Ast,** die Äste

Astrid *(göttlich schön – Ursprung schwedisch)*

Astrid

die **As|tro|no|mie**
das **A|syl,** der Asylbewerber
der **A|tem,** atmen, atemlos
der **Ath|let,** die **Athletin,** die Athleten, athletisch
der **At|lan|tik**
der **At|las,** die Atlanten oder: die Atlasse
at|men, sie atmete
die **At|mo|sphä|re**
das **A|tom,** die Atome, das Atomkraftwerk
das **At|test,** die Atteste
auch*
auf
auf|ein|an|der
der **Auf|ent|halt,** die Aufenthalte
auf|fal|len, auffällig
auf|for|dern, die Aufforderung
die **Auf|ga|be,** die Aufgaben
auf|ge|hen, der Aufgang
auf|ge|regt

auf|hö|ren
auf|merk|sam, die Aufmerksamkeit
auf|pas|sen, sie passte auf
auf|räu|men, er räumte auf
auf|recht
auf|re|gen, die Aufregung, aufgeregt, aufregend
auf|rich|tig, die Aufrichtigkeit
aufs (auf das Dach)
der **Auf|satz,** die Aufsätze
der **Auf|schnitt**
die **Auf|sicht**
auf|ste|hen, der Aufstand
auf|stel|len, die Aufstellung
der **Auf|trag,** die Aufträge
auf|tre|ten, der Auftritt
der **Auf|wand,** aufwändig
auf|wärts
der **Auf|wasch**
auf Wie|der|se|hen*
der **Auf|zug,** die Aufzüge
das **Au|ge***, die Augen, das Augenlid, die Augenwimper
der **Au|gen|blick,** die Augenblicke, augenblicklich
der **Au|gust***

Die ganze Welt gebraucht ein altes griechisches Wort. Heute sprechen es die Griechen so: *aðlitís*. ***D:*** Athlet; ***GB:*** athlete; ***F:*** athlète; ***E:*** atléta; ***DK:*** atlet; ***PL, I:*** atleta; ***TR:*** atlet; ***NL:*** atleet; ***CZ:*** atlet; ***SKr:*** átlet

Axel

aus|bil|den, die Ausbildung
aus|brei|ten
die **Aus|dau|er,** ausdauernd
aus|deh|nen, die Ausdehnung
aus|drü|cken, der Ausdruck
aus|ein|an|der
der **Aus|flug,** die Ausflüge
die **Aus|fuhr**
aus|führ|lich
aus|ge|ben, die Ausgabe
aus|ge|hen, der Ausgang
aus|ge|rech|net
aus|ge|schlos|sen
aus|gie|big
die **Aus|kunft**
das **Aus|land,** der Ausländer, ausländisch
die **Aus|nah|me,** die Ausnahmen, ausnahmsweise
der **Aus|puff,** die Auspuffe
aus|rech|nen, die Ausrechnung
die **Aus|re|de,** die Ausreden
aus|rei|chend
aus|ru|fen, der Ausruf
aus|ru|hen
die **Aus|sa|ge,** die Aussagen
die **Aus|schei|dung**
aus|schließ|lich
au|ßen
au|ßer, außerdem, außerhalb
das **Äu|ße|re**
äu|ßer|lich
äu|ßern, sie äußerte, die Äußerung
au|ßer|or|dent|lich
äu|ßerst gefährlich
die **Aus|sicht,** die Aussichten, aussichtslos
aus|spre|chen, der Ausspruch, die Aussprache
aus|stel|len, die Ausstellung
aus Ver|se|hen
aus|wäh|len, die Auswahl
aus|wan|dern, die Auswanderung
aus|wär|tig, aus|wärts
der **Aus|weg,** die Auswege
der **Aus|weis,** die Ausweise
aus|wen|dig
aus|zeich|nen, ausgezeichnet, die Auszeichnung
aus|zie|hen, der Auszug
das **Au|to,** die Autos, die Autobahn, Auto fahren
das **Au|to|gramm,** die Autogramme
der **Au|to|mat,** die Automaten
Axel *(Friedenmacher – schwedische Form eines biblischen Namens)*
die **Axt,** die Äxte

Babette
(französisch: kleine → Barbara*)*

Babette

das **Ba|by,** die Babys
der **Bach,** die Bäche
die **Ba|cke,** die Backen
ba|cken, er bäckt (auch: backt), sie backte (auch: buk), der Bäcker
das **Bad,** die Bäder
ba|den, sie badete
Ba|den-Würt|tem|berg, die Baden-Württemberger, baden-württembergisch
der **Bag|ger,** die Bagger, baggern
die **Bahn,** die Bahnen, der Bahnhof, der Bahnsteig
die **Bah|re,** die Bahren
die **Bak|te|rie,** die Bakterien
ba|lan|cie|ren, sie balancierte, die Balance
bald
sich **bal|gen,** sie balgten sich, die Balgerei
der **Bal|ken,** die Balken
der **Bal|kon,** die Balkone oder: die Balkons
der **Ball***, die Bälle, Ball spielen
das **Bal|lett**
der **Bal|lon,** die Ballone oder: die Ballons
die **Ba|na|ne,** die Bananen
das **Band,** die Bänder
die **Band** (sprich: *bänd* – Musikgruppe), die Bands
die **Ban|de,** die Banden
ban|ge, ich bin bange, nur keine Bange!
die **Bank** (im Garten), die Bänke
die **Bank** (Sparkasse), die Banken
bar, bares Geld
der **Bär,** die Bären
die **Ba|ra|cke,** die Baracken
Barbara, Bärbel, Barbi
(Fremde, Ausländerin – Ursprung römisch)
barm|her|zig, die Barmherzigkeit
das **Ba|ro|me|ter,** die Barometer
der **Bart,** die Bärte
die **Ba|se,** die Basen
der **Bass,** die Bässe

Bei den Germanen hieß bal: Ball, Kugel. Man merkt es bis heute: ***GB***: ball; ***NL***: bal; ***DK***: bold *(boll)*. Die Italiener machten daraus pallone. Aus pallone wurde bei den Franzosen ballon.
Und den Ballon übernahmen wir von den Franzosen.

Bastian

der **Bast**
bas|teln, sie bastelte
Bastian (→ Sebastian)
der/die **Ba|tik**
die **Bat|te|rie,** die Batterien
der **Bau,** die Baue (von Tieren)
der **Bau,** die Bauten (Gebäude)
der **Bauch,** die Bäuche, die Bauchschmerzen, das Bauchgrimmen
bau|en, sie baute
der **Bau|er** (Landwirt)*, die **Bäuerin,** die Bauern
das/der **Bau|er** (für Vögel), die Bauer
der **Baum***, die Bäume
bau|meln, es baumelte
Bay|ern, die Bayern, bayerisch
die **Ba|zil|le,** die Bazillen
Beata, Beate, Beatrix, Beatrice, Bea *(die Glückliche – Ursprung römisch)*
der **Be|am|te,** die **Beamtin,** die Beamten
be|an|tra|gen, sie beantragte
be|ant|wor|ten
be|ar|bei|ten, die Bearbeitung
der **Beat,** die Beatles, die Beatmusik
be|ben, es bebte, das Beben
der **Be|cher,** die Becher
das **Be|cken,** die Becken
mit **Be|dacht**
be|däch|tig
sich **be|dan|ken,** sie bedankte sich
der **Be|darf**
be|dau|ern, sie bedauerte, bedauerlich
be|den|ken, das Bedenken
be|deu|ten, es bedeutete, die Bedeutung, bedeutend, bedeutungslos
be|die|nen, die Bedienung
die **Be|din|gung,** die Bedingungen, bedingungslos
be|dro|hen, sie bedrohte, die Bedrohung, bedrohlich
der **Be|du|i|ne,** die Beduinen
das **Be|dürf|nis,** die Bedürfnisse, die Bedürftigen, bedürftig
sich **be|ei|len,** sie beeilte sich
be|ein|flus|sen, die Beeinflussung
be|en|den, die Beendigung
be|er|di|gen, die Beerdigung
die **Bee|re,** die Beeren
beesch gibt es nicht → beige
das **Beet,** die Beete

Bella

be|feh|len, sie befiehlt, befahl, hat befohlen, der Befehl
be|fes|ti|gen, die Befestigung
sich **be|fin|den,** sie befand sich, hat sich befunden, das Befinden
be|för|dern, sie beförderte, die Beförderung
be|frei|en, die Befreiung
be|frie|di|gen, die Befriedigung, befriedigend
be|fruch|ten, die Befruchtung
die **Be|fug|nis,** die Befugnisse
be|fürch|ten, die Befürchtung
be|gabt, die Begabung
be|geg|nen, die Begegnung
be|geh|ren, das Begehren
be|geis|tern, die Begeisterung
be|gin|nen, sie begann, hat begonnen, der Beginn
be|glei|ten, die Begleitung
be|glück|wün|schen
be|gra|ben, das Begräbnis
be|grei|fen, der Begriff
be|grün|den, die Begründung
be|grü|ßen, die Begrüßung
be|gu|cken
be|hä|big
be|hag|lich
be|hal|ten, der Behälter
be|hän|de
be|han|deln, die Behandlung
be|har|ren, sie beharrte darauf, beharrlich
be|haup|ten, die Behauptung
be|he|ben
be|herr|schen, die Beherrschung
be|hilf|lich sein
be|hin|dern, die Behinderung
die **Be|hör|de,** die Behörden
be|hut|sam
bei
beich|ten, er beichtete, die Beichte

Aus europäischen Hundesprachen

D: wau-wau; *GB*: bow-wow und woof-woof; *NL*: woef-woef, waf-waf; *TR*: havhav; *F*: oua-oua; *I*: bau-bau; *E*: guau-guau; *PL*: hau-hau; *DK*: vov-vov (*wou-wou*); *SKr*: vau-vau

Benedikt

bei|de, beiderseitig, beiderseits, beidbeinig
bei|ein|an|der
der **Bei|fah|rer,** die **Beifahrerin,** die Beifahrer
der **Bei|fall**
beige (sprich: *beesch*)
das **Beil,** die Beile
beim (bei dem Haus)
das **Bein**, die Beine
bei|na|he
bei|sei|te legen
das **Bei|spiel,** die Beispiele, zum Beispiel (kurz: z. B.)
bei|ßen, er biss, gebissen, der Biss, bissig
der **Bei|trag,** die Beiträge
be|kannt, die Bekannten, bekanntlich
das **Be|kennt|nis,** die Bekenntnisse
be|kle|ckert
be|kom|men, sie bekam
der **Be|lag,** die Beläge
be|läs|ti|gen, er belästigte, die Belästigung
be|lei|di|gen, er beleidigte, die Beleidigung
be|leuch|ten, die Beleuchtung
Bel|gi|en, die Belgier, belgisch

be|lie|big
be|liebt
Bella *(die Schöne – aus dem Italienischen und Spanischen)*
bel|len, er bellte
be|loh|nen, die Belohnung
be|mer|ken, die Bemerkung, bemerkbar, bemerkenswert
sich **be|mü|hen,** die Bemühung
be|nach|rich|ti|gen, die Benachrichtigung
Benedikt *(der Gesegnete)*
Italienisch: **Benedetto, Benito**
Franz.: **Benoît** *(benoa)*
Engl.: **Benedict, Bennet**
Dänisch: **Bent**
sich **be|neh|men,** er benimmt sich, hat sich benommen, schlechtes Benehmen
be|nei|den, beneidenswert
der **Ben|gel,** die Bengel
Benjamin *(Glückskind – Name aus der Bibel)*
Englisch: **Ben, Benny**
be|nö|ti|gen, sie benötigte
be|nut|zen, die Benutzung, die Benutzer, benutzbar
das **Ben|zin**
be|ob|ach|ten, die Beobachtung
be|quem, die Bequemlichkeit

be|ra|ten, die Beratung

be|rech|ti|gen, die Berechtigung, berechtigt

der **Be|reich,** die Bereiche

sich **be|rei|chern,** die Bereicherung

be|reit, die Bereitschaft

be|reits

be|reu|en, er bereute

der **Berg,** die Berge, das Bergwerk, bergig, bergauf

ber|gen, sie birgt, barg, hat geborgen, die Bergung, die Geborgenheit

be|rich|ten, der Bericht

be|rich|ti|gen, die Berichtigung

Berit *(schwedische Form von* → Birgit*)*

Ber|lin, die Berliner, berlinerisch

Bernadette *(französischer Frauenname* → Bernhard*)*

Bernhard, Bernd *(starker Bär – alter deutscher Name)*

Französ.: **Bernard** *(bernahr)* (Mann)

Italienisch/Spanisch: **Bernardo** (Mann), **Bernarda** (Frau)

bers|ten, es barst, ist geborsten

Berti

Berta, Berthold, Berti *(glänzender Mensch)*

be|rüch|tigt

be|rück|sich|ti|gen, die Berücksichtigung

der **Be|ruf,** die Berufe, beruflich, berufstätig

be|ru|hi|gen, die Beruhigung

be|rühmt

be|rüh|ren, die Berührung

be|schä|di|gen, die Beschädigung

be|schäf|ti|gen, die Beschäftigung

Be|scheid wissen

be|schei|den, die Bescheidenheit

be|schei|ni|gen, die Bescheinigung

be|sche|ren, die Bescherung

be|schlie|ßen, er beschloss, der Beschluss

be|schrei|ben, sie beschrieb, die Beschreibung

sich **be|schwe|ren,** die Beschwerde

der **Be|sen,** die Besen

be|set|zen, die Besetzung

die **Be|sich|ti|gung,** besichtigen

sich **be|sin|nen,** er besann sich, die Besinnung

Betti

be|sit|zen, sie besaß, hat besessen, der Besitz

be|son|ders

be|sor|gen, die Besorgung, die Besorgnis

be|spre|chen, er besprach, die Besprechung

bes|ser, bes|te✿

> **beste**
>
> **groß:**
> das Beste, was es gibt
> Es ist das Beste, Frieden zu halten.
> Sie nahm den ersten Besten.
> Das Beste ist gut genug.
> Ich tue mein Bestes.
> Sie ist die Beste im Sport.
>
> **klein:**
> Es ist am besten, Frieden zu halten.

be|ste|chen, die Bestechung

das **Be|steck,** die Bestecke

be|ste|hen, es bestand

be|stel|len, sie bestellte, die Bestellung

die **Bes|tie,** die Bestien

be|stim|men, sie bestimmte, die Bestimmung

be|su|chen, der Besuch, die Besucher

be|tei|li|gen, sie beteiligte, die Beteiligung

be|ten, sie betete, das Gebet

der **Be|ton**

be|trach|ten, die Betrachtung

der **Be|trag,** die Beträge

be|tra|gen, der Preis beträgt ...

sich **be|tra|gen,** er betrug sich gut, sein Betragen war gut

der **Be|trieb,** die Betriebe

be|trü|gen, er betrog, der Betrüger

das **Bett**✿, die Betten

bet|teln, er bettelte, der Bettler

Betti, Bettina (→ Elisabeth)

beu|gen, sie beugte, die Beugung

Vor Urzeiten hatten unsere Vorfahren zum Schlafen ein Polsterlager auf einem Stück Erde. Das war wie ein gepolstertes Beet zum Schlafen. *Beet* und *Bett* nannten sie beides betti. Engländer und Niederländer nennen noch heute beides bed.

Birgit

die **Beu|le,** die Beulen
die **Beu|te,** erbeuten
der **Beu|tel,** die Beutel
die **Be|völ|ke|rung,** bevölkert
be|vor
be|vor|zu|gen, sie bevorzugte, die Bevorzugung
be|we|gen, sie bewegte, die Bewegung, beweglich
be|wei|sen, er bewies, der Beweis
sich **be|wer|ben,** sie bewarb sich, hat sich beworben, die Bewerbung
be|wil|li|gen, sie bewilligte
be|woh|nen, sie bewohnte, die Bewohner
die **Be|wöl|kung,** bewölkt
be|wun|dern, die Bewunderung, bewundernswert
be|wusst|los
be|zah|len, die Bezahlung
be|zie|hen, der Bezug, beziehungsweise, kurz: bzw.
der **Be|zirk,** die Bezirke
der **Be|zug,** die Bezüge
Bianca, Bianka *(die Weiße – aus dem Italienischen)*
die **Bi|bel,** die Bibeln
die **Bi|bli|o|thek,** die Bibliotheken
der **Bi|bli|o|the|kar,** die **Bibliothekarin,** die Bibliothekare
bie|gen, sie bog, die Biegung
die **Bie|ne,** die Bienen
das **Bier,** die Biere
bie|ten, sie bot
das **Bild,** die Bilder
bil|den, sie bildete, die Bildung
Bill, Billy (→ Wilhelm)
bil|lig*
ich **bin** (Grundform: sein)
bin|den, er band, sie hat gebunden, die Binde
die **Bi|o|gra|phie / Bi|o|gra|fie**
die **Bi|o|lo|gie,** die Biologin, der Biologe
das **Bi|o|top,** die Biotope
Birgit, Birgitta, Birthe, Birte *(aus dem Schwedischen* → Brigitte*)*
die **Bir|ke,** die Birken
die **Bir|ne,** die Birnen
bis bald!, aber: er biss
der **Bi|schof,** die Bischöfe
bis|her
ein **biss|chen**
bis|sig
du **bist** (Grundform: sein)
bit|te* schön
bit|ten, sie bittet, er bat, hat gebeten, die Bitte
bit|ter, bitterkalt

Björn

Björn *(norwegisch und schwedisch: der Bär)*

das **Blag,** die Blagen

blä|hen, die Blähung

die **Bla|ma|ge,** sich blamieren, blamabel

blank, blan|ko

die **Bla|se,** die Blasen

bla|sen, er bläst, er blies

blass, die Blässe

das **Blatt,** die Blätter, blättern

blau✿, bläulich, die Blaubeere, das Blaukraut

> blau
>
> **klein:**
> der blaue Brief
> ein blaues Wunder erleben
> etwas blau malen
>
> **groß:**
> die Farbe Blau
> ganz in Blau gekleidet
> eine Fahrt ins Blaue
>
> **zusammen / getrennt:**
> blaugrau, blau gestreift

das **Blech,** die Bleche, der Blechner

das **Blei,** bleiern

blei|ben, sie blieb, etwas bleiben lassen

bleich

der **Blei|stift**✿, die Bleistifte

blen|den, es blendete, die Blende

bli|cken, sie blickte, der Blick

blind, der Blinde, blindlings

der **Blind|darm,** die Blinddarmentzündung

die **Blind|schlei|che,** die Blindschleichen

blin|ken, er blinkte, der Blinker, das Blinklicht

blin|zeln, sie blinzelte

der **Blitz,** die Blitze, das Blitzlicht, blitzen, blitzartig, blitzschnell

der **Block,** die Blöcke oder: die Blocks

die **Block|flö|te,** die Blockflöten

blöd, blöde, der Blödsinn

blö|ken, es blökte

blond, die Blondine

bloß

blub|bern

> Das germanische Wort blau wanderte in viele Völker – nicht in alle. *GB:* blue *(bluh)*; *F:* bleu *(blöh)*; *DK:* blå *(blou)*; *NL:* blauw *(blau)*; *I:* blu / azzurro; *E:* azul *(aðúl)*; *PL:* niebieski; *TR:* mavi; *SKr:* plava

Boris

die **Blue Jeans** / **Bluejeans** (sprich: *bluhd~~seh~~iens*)
blü|hen, es blühte, aber: die Blüte
die **Blu|me**✿, die Blumen
die **Blu|se,** die Blusen
das **Blut,** bluten, blutig
die **Bö** oder: die Böe, die Böen, böiger Wind
Bob, Bobby *(aus England → Robert)*
der **Bock,** die Böcke, bockig
der **Bo|den,** die Böden
Bodo *(vermutlich: Bote – alter deutscher Name)*
der **Bo|gen,** die Bögen oder: die Bogen
die **Boh|le,** die Bohlen
die **Boh|ne,** die Bohnen
boh|nern, er bohnerte
boh|ren, sie bohrte, der Bohrer
der **Boi|ler,** die Boiler
die **Bo|je,** die Bojen
bol|zen, er bolzte
die **Bom|be,** die Bomben
der/das **Bon|bon,** die Bonbons

das **Boot,** die Boote
das **Bord,** die Borde, der Bordstein, an Bord des Schiffes
bor|gen, er borgte
Boris *(russisch: Kämpfer)*
die **Bors|te,** die Borsten, borstig
die **Bö|schung,** die Böschungen
bö|se, die Bosheit, böswillig, boshaft
der **Bo|te,** die **Botin,** die Boten, die Botschaft
der **Bot|tich,** die Bottiche
die **Bow|le,** die Bowlen (sprich: *boole*)
bo|xen, sie boxte, der Boxer
der **Brand,** die Brände
Bran|den|burg, die Brandenburger, brandenburgisch
die **Bran|dung**
bra|ten, er brät, er briet, der Braten
brau|chen, sie brauchte, der Gebrauch, der alte Brauch
brau|en, die Brauerei

Mancher Baumwollstoff hieß in den USA: jean. Bei einer Hose denken Engländer und Amerikaner immer an deren zwei Beine. Eine Hose ist also ein Paar Hosen, und die Baumwollhose aus den USA gibt es nur in der Mehrzahl: Jeans.

Britta

braun*, bräunen
die **Brau|se,** die Brausen
brau|sen, es brauste
die **Braut,** die Bräute, der **Bräutigam**
brav
bra|vo
bre|chen, du brichst, sie brach, hat gebrochen, der Bruch
der **Brei,** breiig
breit, die Breite
Bre|men, die Bremer, bremisch
brem|sen, er bremste, die Bremse*
bren|nen, es brannte, aber: der Brand
die **Brenn|nes|sel,** die Brennnesseln
brenz|lig
die **Bre|sche,** die Breschen
das **Brett,** die Bretter
die **Bre|zel,** die Brezeln
der **Brief,** die Briefe
Brigitte, Brigitta, Britta *(die Hohe, Erhabene – Ursprung keltisch)*
Franz.: **Brigitte** *(brischitt)*
Engl.: **Bridget** *(bridschet)*
Dänisch: **Birgitte**
das **Bri|kett,** die Briketts

der **Bril|lant,** die Brillanten
die **Bril|le***, die Brillen
brin|gen, du bringst, sie brachte
die **Bri|se,** die Brisen, brisant
Britta *(Kurzform von → Brigitte)*
der **Bro|cken,** die Brocken, bröckeln, bröck(e)lig
bro|deln, es brodelte
der/das **Brok|ko|li/Broccoli**
die **Brom|bee|re,** die Brombeeren
die **Bron|chie,** die Bronchien
die **Bron|ze,** die Bronzezeit, die Bronzemedaille
die **Bro|sche,** die Broschen
die **Bro|schü|re,** die Broschüren
das **Brot,** die Brote
das **Bröt|chen,** die Brötchen
der **Bruch,** die Brüche, brüchig
die **Brü|cke,** die Brücken
der **Bru|der***, die Brüder, brüderlich
die **Brü|he,** verbrühen
brül|len, sie brüllte, das Gebrüll
brum|men, er brummte, der Brummer, brummig
brü|nett
Brunhild, Bruni *(Kämpferin – alter deutscher Name)*

der **Brun|nen,** die Brunnen
Bruno *(brauner Bär – alter deutscher Name)*

Bruno

die **Brust,** die Brüste
bru|tal, die Brutalität
brü|ten, sie brütete, die Brut
brut|zeln, es brutzelte
der **Bu|b(e),** die Buben
das **Buch**✿, die Bücher
die **Bu|che,** die Buchen
die **Büch|se,** die Büchsen
der **Buch|sta|be,** die Buchstaben
die **Bucht,** die Buchten
der **Bu|ckel,** die Buckel, bucklig oder: buckelig
sich **bü|cken,** sie bückte sich
die **Bud|del,** die Buddeln
die **Bu|de,** die Buden
bü|geln, er bügelte, das Bügeleisen
die **Büh|ne,** die Bühnen
Bul|ga|ri|en, die Bulgaren, bulgarisch
der **Bul|le,** die Bullen
bum|meln, er bummelte

das **Bund** Stroh, die Bunde
der **Bund,** die Bünde, das Bündnis
das **Bün|del,** die Bündel
die **Bun|des|li|ga**
die **Bun|des|re|pu|blik**
der **Bun|ga|low,** die Bungalows
der **Bun|ker,** die Bunker
bunt, der Buntstift
die **Burg,** die Burgen
der **Bür|ge,** die Bürgen, die Bürgschaft
der **Bür|ger,** die Bürger, der Bürgermeister
das **Bü|ro,** die Büros, der Bürokrat, die Bürokratie
der **Bur|sche,** die Burschen
bürs|ten, sie bürstete, die Bürste
der **Bus**✿, die Busse
der **Busch,** die Büsche, das Gebüsch, das Büschel
der **Bu|sen,** die Busen
bü|ßen, er büßte, die Buße, der Büßer, das Bußgeld
die **But|ter,** die Buttermilch, das Butterbrot

> Als die Normannen aus Frankreich vor 1000 Jahren England unterwarfen, brachten sie viele französische Wörter mit. So auch das Wort für *Flasche*: bouteille (sprich: *butäj*). Die Engländer sagen seitdem bottle (sprich: *bottel*). Daraus machten wir in der Umgangssprache: Buddel.

Claudia

das **Ca|fé,** die Cafés
das **Cam|ping**
die **CD** (<u>C</u>ompact <u>D</u>isc), die CDs, der CD-Spieler, die CD-ROM
Cel|si|us (Zeichen: C)
der **Cent,** die Cents
der **Cham|pig|non,** die Champignons
der **Cham|pi|on** (kurz: Champ), die Champions
die **Chan|ce,** die Chancen
das **Cha|os,** chaotisch
der **Cha|rak|ter,** die Charaktere, charakteristisch
der **Chef,** die **Chefin**
die **Che|mie,** chemisch
Chi|na, die Chinesen, chinesisch
der **Chor,** die Chöre
der **Chris|tus,** der Christ, christlich
die **Chro|nik,** die Chroniken
chro|nisch
die **Ci|ty,** die Citys
der **Clown,** die Clowns
der **Club,** die Clubs
der **Co|mic,** die Comics
der **Com|pu|ter,** die Computer
der **Con|tai|ner,** die Container
cool (sprich: *kuhl*)
der **Cow|boy,** die Cowboys
die **Cre|me,** die Cremes

Cäcilia, Cäcilie *(aus der römischen Familie der Caecilier)*
Carina *(italien.: die Hübsche)*
Carla, Carola, Carolin, Caroline, Carolina (→ Karl)
Celina, Celine *(nach einem alten römischen Namen)*
Chantal *(Name einer berühmten Französin)*
Charlotte (→ Karl)
Chiara *(italien. für* → Clara*)*
Christa, Christel, Christina, Christine, Christiane
Chris, Christian *(christlicher Mensch – Ursprung römisch)*
Christoph(er) *(Christus im Herzen – Ursprung griechisch)*
Clara, Claire *(die Berühmte – Ursprung römisch)*
Claudia, Claudius, Claudio *(aus der römischen Familie der Claudier)*
Clemens, Clementine *(römisch: milder Mensch)*
Colette (→ Nicolette)
Constantin *(der Standhafte – Ursprung römisch)*
Cordula *(römisch: Herzchen)*
Corinna *(Mädchen – Ursprung griechisch)*
Cornelia *(aus der römischen Familie der Cornelier)*
Cosima *(Schönheit – Ursprung griechisch)*

da
da|bei
das Dach, die Dächer
der Dachs, die Dachse
der Da|ckel, die Dackel
da|durch
da|für
da|ge|gen
da|heim
da|her
da|hin, da|hin|ter
da|mals
die Da|me, die Damen
Damian, Damjan *(Volk – Ursprung griechisch)*
da|mit
däm|lich
der Damm, die Dämme, eindämmen
die Däm|me|rung, dämmern, dämmrig oder: dämmerig
der Dampf, die Dämpfe
damp|fen, er dampfte
der Damp|fer, die Dampfer
da|nach
Dä|ne|mark, die Dänen, dänisch

Daniel

Daniel, Danny, Daniela, Daniele, Danielle *(Mensch, der sich an Gott übergibt – Name aus der Bibel)*
dan|ken, er dankte, die Dankbarkeit, dankbar, danke* schön
dann
Daphne *(Name einer griechischen Nymphe)*
dar|an, dar|auf
dar|aus, dar|in
Darius *(der Mächtige – Ursprung griechisch)*
das Dar|le|hen, die Darlehen
der Dar|ling *(engl.: Liebling)*
der Darm, die Därme
dar|über
dar|um, dar|unter
das Haus
da sein, das Dasein
dass du nichts vergisst!
das|sel|be
der Da|tiv (3. Fall)
die Dat|tel, die Datteln
das Da|tum, die Daten
dau|ern, es dauerte, die Dauer, dauernd
der Dau|men, die Daumen

Sehr liebe Menschen nennen wir „teure Freunde“. Das hat mit Geld nichts zu tun. Plattdeutsch heißt *teuer*: düer. Die Engländer sagen: dear (sprich: *dier*). Es heißt beides: *teurer Preis* und *lieb*. Und ein d$_{e}$arling (sprich: *darling*) ist ein *Liebling*.

Denise

David *(Liebling – Name aus der Bibel)*
da|von, da|vor
da|zu
da|zwi|schen
die **DDR** (Deutsche Demokratische Republik)
die **De|bat|te,** die Debatten
Deborah, Debora *(Biene – Name aus der Bibel)*
der **De|ckel,** die Deckel
de|cken, sie deckte, die Decke, das Deck
die **De|ckung**
deh|nen, sie dehnte, die Dehnung, aber: → denen
der **Deich,** die Deiche
die **Deich|sel,** die Deichseln
dein*, **dei|net|we|gen**
de|ko|rie|ren, sie dekorierte, die Dekoration
dem (mit dem Ball)
dem|nach, dem|nächst
die **De|mo|kra|tie,** die Demokratien, die Demokraten, demokratisch
de|mon|strie|ren, sie demonstrierte, die Demonstration (kurz: Demo), die Demonstranten
die **De|mut,** demütig
den, gegen den Ball, aber: → denn
de|nen glaube ich nichts!, aber: → dehnen
den|ken, sie dachte, das Denken, denkbar
das **Denk|mal,** die Denkmale
denn, wann denn?, aber: → den
Dennis, Denis, Denise *(Gott geweihter Mensch – Ursprung griechisch)*
den|noch
der, der|ar|tig
de|ren
der|je|ni|ge, der|sel|be
des, des|halb
des|sen
des|to besser
des|we|gen
der **De|tek|tiv,** die Detektive
Detlef *(Sohn des Volkes – deutscher Name)*
deut|lich
deutsch, Deutschland*, die Deutschen

deutsch

klein:
das deutsche Volk
Sie spricht nicht deutsch.

groß:
die Deutsche Mark
auf Deutsch gesagt
Sein Deutsch ist schlecht.
Sie spricht gutes Deutsch.
Deutsches Rotes Kreuz

Dirk

der **De|zem|ber**✿
der **De|zi|me|ter,** die Dezimeter
der **Di|a|lekt,** die Dialekte
Diana, Diane *(Name der römischen Jagdgöttin)*
dich
dicht
dich|ten, sie dichtete, die Dichter, die Dichtung
dick, der Dicke
die
der **Dieb,** die Diebe, der Diebstahl
die **Die|le,** die Dielen
die|nen, er diente
der **Die|ner,** die Diener
der **Dienst,** die Dienste
der **Diens|tag**✿, die Dienstage

> **Dienstag**
>
> nächsten Dienstag
> immer dienstags
> an jedem Dienstagabend
> immer dienstag<u>s</u> abends
> immer dienstag<u>a</u>bends
> eines Dienstagabends
> nächsten Dienstagabend
>
> Du kannst dir das nicht merken? Nicht schlimm! Die meisten Erwachsenen können das auch nicht.

dies, die|se, die|ser
die|sel|be
der **Die|sel|mo|tor**
die|sig
dies|mal, dieses Mal
Diethelm, Dietmar, Dietlind *(im Volk berühmte Menschen – alte deutsche Namen)*
Dietrich, Dieter, Dirk, Dierk *(wichtige Männer im Volk – alte deutsche Namen)*
dik|tie|ren, sie diktierte, das Diktat
das **Ding,** die Dinge
dir
di|rekt
der **Di|rek|tor,** die **Direktorin,** die Direktoren
der **Di|ri|gent,** die Dirigenten, dirigieren
das **Dirndl** (Trachtenkleid)
die **Dis|ko|thek** (kurz: Disko), die Diskotheken
dis|ku|tie|ren, sie diskutierte, die Diskussion
die **Dis|tel,** die Disteln
di|vi|die|ren, sie dividierte
die **DM** (Deutsche Mark)
doch
der **Docht,** die Dochte
der **Dok|tor,** die **Doktorin,** die Doktoren
der **Dolch,** die Dolche
der **Dol|lar,** die Dollars
der **Dol|met|scher,** die Dolmetscher

Dolores *(die Schmerzensreiche – spanischer Beiname der Jesusmutter Maria)*

Dorit

Domenica, Dominika, Dominique, Dominic, Dominik, Domenic *(dem Herrgott gehörend – Ursprung römisch)*

das **Do|mi|no**

der **Domp|teur,** die **Dompteu-se,** die Dompteure

Do|nald Duck (Comicfigur)

die **Do|nau**

der **Dö|ner** (türkisch)

der **Don|ner,** die Donner, donnern

der **Don|ners|tag***, die Donnerstage (Hast du Probleme? → Kasten Dienstag)

doof

do|pen, er ist gedopt, das Doping

dop|pelt so viel, das Doppel, verdoppeln, das Doppelte

das **Dorf,** die Dörfer, dörflich

der **Dorn,** die Dornen, dornig

Dorothea, Dora, Doris, Dorit, Dorle, Doro, Dorte, Dörte, Dortje, Dürte *(Gottesgeschenk – Ursprung griechisch)*

Spanisch: **Dorotea**

Italienisch: **Dorotea**

Französ.: **Dorothée, Dorette** *(dorett)*

Englisch: **Dorothy** *(dore∂i)*, **Doreen** *(dorien)*, **Dolly**

Polnisch: **Dorota**

dör|ren, sie dörrte, gedörrt

dort, dorthin

die **Do|se,** die Dosen

dö|sen, sie döste

der/das **Dot|ter,** die Dotter

der **Dra|che** (im Märchen)

der **Dra|chen,** die Drachen

der **Draht,** die Drähte, drahtig

das **Dra|ma,** die Dramen

dran

der **Drang,** das Gedränge

drän|geln, sie drängelte, die Drängelei

drän|gen, er drängte

drau|ßen

der **Dreck,** dreckig

Die Germanen nannten einen Wochentag nach ihrem Donnergott Thor. Wir sagen bis heute Donnerstag, die Niederländer donderdag *(donderdach)*, die Dänen torsdag *(torsde)*, die Engländer Thursday *(∂öhrsdi)*.

Dries

dre|hen, er drehte, die Drehung
drei✿, dreizehn, dreißig, dreimal
das **Drei|eck,** dreieckig
drei Vier|tel aller Leute
die **Drei|vier|tel|stun|de**
dre|schen, er drischt, er drosch
dres|sie|ren, er dressierte, die Dressur
drib|beln, er dribbelte, das Dribbling
Dries *(niederdeutsch für* → Andreas*)*
drin
drin|gen, sie drang, gedrungen
drin|gend
drin|nen
der **drit|te** Teil, ein Drittel

> dritte
>
> **klein:**
> der dritte Teil
> zu dritt
> das dritte Kind
> drittens
>
> **groß:**
> jeder Dritte
> die Dritte Welt
> Er wurde Dritter.
> Wenn zwei sich streiten, freut sich der Dritte.

die **Dro|ge,** die Drogen
die **Dro|ge|rie,** die Drogerien
dro|hen, er drohte, die Drohung, drohend
dröh|nen, es dröhnte, dröhnend
drol|lig
das **Dro|me|dar,** die Dromedare
der/das **Drops,** die Dropse
die **Drosch|ke,** die Droschken
die **Dros|sel,** die Drosseln, die Schwarzdrossel
dros|seln, sie drosselte
drü|ben
drü|ber
dru|cken, sie druckte, der Druck, die Druckerei
drü|cken, sie drückte, der Drückeberger
drum
drun|ter
die **Drü|se,** die Drüsen
der **Dschun|gel**
du✿
der **Dü|bel,** die Dübel
sich **du|cken,** sie duckte sich
das **Du|ell,** die Duelle
das **Du|ett,** die Duette
duf|ten, es duftete, der Duft, duftig
dul|den, er duldete
dumm, die Dummheit, der Dummkopf

Dunja

dumpf
die **Dü|ne,** die Dünen
dün|gen, sie düngte, der Dünger
Dunja *(russisch: die Hochgeschätzte – Ursprung griechisch)*
dun|kel, verdunkeln, die Dunkelheit, dunkelblau
dünn
der **Dunst,** die Dünste, dunstig
durch
durch|aus
die **Durch|blu|tung**
durch|bre|chen, der Durchbruch
durch|ein|an|der, das Durcheinander
durch|fal|len, der Durchfall
durch|füh|ren, die Durchführung, durchführbar
der **Durch|gang,** durchgehend geöffnet
durch|läs|sig

der **Durch|mes|ser**
der **Durch|schnitt,** durchschnittlich
sich **durch|set|zen**
durch|sich|tig
durch|su|chen, die Durchsuchung
durch|weg
der **Durch|zug**
dür|fen, sie darf, er durfte
dürf|tig
dürr, die Dürre
der **Durst,** dursten, durstig, durstlöschend
die **Du|sche,** die Duschen, duschen
die **Dü|se,** die Düsen, der Düsenjäger
der **Du|sel** (unverdientes Glück)
der **Dus|sel** (Dummkopf), dusselig oder: dusslig
düs|ter, dus|ter
das **Dut|zend,** Dutzende, dutzendweise
sich **du|zen**
das **Dy|na|mit**
der **Dy|na|mo,** die Dynamos, dynamisch

Namen der Schwarzdrossel (Amsel) in Europa
NL: merel; ***F:*** merle *(merl)*; ***E:*** mirlo; ***I:*** merlo;
Kölner Mundart: Merle; ***GB:*** blackbird *(bläckbörd)* = Schwarzvogel;
TR: karatavuk (= Schwarzhuhn); ***PL:*** kos; ***CZ:*** drozd *(drotsch)*

Eckart

die **Eb|be**
die **E|be|ne,** die Ebenen, eben
e|ben|falls
e|ben|so gut
der **E|ber,** die Eber
Eberhard *(stark wie ein Eber – alter deutscher Name)*
das **E|cho,** die Echos
echt, die Echtheit
Eckart, Eckehard, Eckhart *(alter deutscher Name: Mann mit hartem Schwert)*
die **E|cke,** die Ecken, eckig
e|del, der Edelstein
Edgar *(Glück und Speer – englischer Name)*
Edith *(Glück und Kampf – englischer Name)*
Eduard *(Hüter des Glücks – Ursprung französisch)*
Französ.: **Édouard** (eduahr)
Englisch: **Edward** (edwörd)
Dänisch: **Edvard** (eðwart)
die **EDV** (Elektronische Datenverarbeitung)
der **E|feu**
e|gal
die **Eg|ge,** die Eggen, eggen
der **E|go|ist,** die Egoisten, der Egoismus, egoistisch
e|he ich es sah, **e|her**
die **E|he,** die Ehen
die **Eh|re,** die Ehren, ehren
das **Eh|ren|wort**
die **Ehr|furcht,** ehrfürchtig
der **Ehr|geiz,** ehrgeizig
ehr|lich, die Ehrlichkeit
das **Ei,** die Eier, eiern
die **Ei|che,** die Eichen
die **Ei|chel,** die Eicheln
das **Eich|hörn|chen,** die Eichhörnchen
der **Eid,** die Eide
die **Ei|dech|se,** die Eidechsen
der **Ei|fer,** eifrig
die **Ei|fer|sucht,** eifersüchtig
ei|gen, die Eigenschaft
ei|gen|ar|tig
ei|gen|sin|nig
ei|gent|lich
das **Ei|gen|tum,** eigentümlich
ei|len, er eilte, die Eile, eilig
der **Ei|mer,** die Eimer
ein, eine, einer
ein|an|der
der **Ein|band,** die Einbände
sich **ein|bil|den,** eingebildet, die Einbildung
ein|bre|chen, der Einbrecher, der Einbruch
ein|deu|tig
der **Ein|druck,** die Eindrücke
ei|ner|lei, das Einerlei
ein|fach, die Einfachheit
ein|fal|len, der Einfall
der **Ein|fluss,** die Einflüsse

Edith

die **Ein|fuhr,** die Einfuhren, einführen
der **Ein|gang,** die Eingänge
ein|ge|bil|det
ei|nig, sich einig sein
ei|ni|ge
sich **ei|ni|gen,** sie einigten sich, die Einigung
ei|ni|ger|ma|ßen
ein|kau|fen, der Einkauf
das **Ein|kom|men,** die Einkommen
ein|la|den, die Einladung
ein|mal, einmalig
das **Ein|mal|eins**
ein|rich|ten, die Einrichtung
eins
ein|sam, die Einsamkeit
ein|schu|len, die Einschulung
ein|se|hen, die Einsicht
ein|sei|tig
einst
ein|stim|mig
die **Ein|tracht,** einträchtig
ein|tre|ten, der Eintritt

ein|ver|stan|den, das Einverständnis
der **Ein|wand,** die Einwände, einwandfrei
der **Ein|woh|ner,** die **Einwoh-nerin,** die Einwohner
die **Ein|zahl**
ein|zeln, die Einzelheit
ein|zig, einzig und allein, einzigartig, das Einzige, was man tun kann

Achtung!

Einziger als einzig ist nicht möglich.
„Einzigste" gibt es deshalb nicht.
Alles dies ist Unsinn:
die einzig*ste* Möglichkeit,
das einzig*ste* Kind
die einzig*ste* Gelegenheit
das einzig*ste* Mal …

das **Eis,** eisig, eiskalt
das **Ei|sen,** die Eisen, eisern
das **Eis|ho|ckey**
ei|tel, die Eitelkeit
der **Ei|ter,** eitern, eitrig
der **E|kel,** sich ekeln, eklig, ekelhaft

Die Eichhörnchen in Europa sind eine große Tierfamilie – aber keine Sprachfamilie. ***DK***: egern; ***NL***: eekhoorn; ***E***: ardilla; ***I***: scoiattolo; ***TR***: sincap *(ßinschap)*; ***PL***: wiewiórka *(wijewiórka)*; ***CZ***: veverka; ***SKr***: vjeverica *(wjeweritza)*

A B C D E F G H I J K L M N O P Q R S T U V W X Y Z

A B C D E F G H I J K L M N O P Q R S T U V W X Y Z

Emilia

e|las|tisch

der **E|le|fant,** die Elefanten

e|le|gant, die Eleganz

e|lek|trisch, der Elektriker, die Elektrizität

die **E|lek|tro|nik,** elektronisch

das **E|le|ment,** die Elemente

Elena, Ellen (→ Helene)

das **E|lend,** sich elend fühlen

Eleonore *(Gott ist mein Licht – Ursprung arabisch)*

elf

der **Elf|me|ter,** der Elfer

Elias *(Name eines berühmten Propheten in der Bibel)*

Elisabeth, Elsbeth, Else, Elise, Elisa, Lisa, Liesa, Elli *(Gott ist vollkommen – Name aus der Bibel)*

Englisch: **Elizabeth** (elissebeð)

Italienisch: **Elisabetta**

Polnisch: **Elzbieta** (el~~seh~~biäta)

der **Ell|bo|gen,** die Ellbogen

Ellen (→ Helene, Eleonore)

die **El|tern**

Elvira *(spanischer Name: die Erhabene)*

die **E-Mail**

Emanuel, Emanuela *(Gott mit uns – Name aus der Bibel)*

Emil *(der Eifrige – Ursprung französisch)*

Französisch: **Émile** (emiehl)

Englisch: **Emily** (Frau)

Spanisch/Italienisch: **Emilio, Emilia**

Emma, Emmi (→ Irmgard)

emp|fan|gen, er empfing, der Empfang, der Empfänger

emp|feh|len, sie empfiehlt, empfahl, hat empfohlen, die Empfehlung

emp|fin|den, sie empfand, hat empfunden, die Empfindung, empfindlich

em|por, die Empore

sich **em|pö|ren,** er empörte sich, die Empörung, empört, es ist empörend

em|sig

das **En|de,** die Enden

end|gül|tig

end|lich

end|los

!!! *Steht dein Wort unter ent?*

die **E|ner|gie,** die Energien, energisch

eng, die Enge

der **En|gel***, die Engel

Eng|land, die Engländer, englisch → Kasten deutsch

der **En|kel,** die **Enkelin,** die Enkel

Enno *(Dahinter steckt das germanische Wort für Schwert: egin.)*

Enno

e|norm

ent|beh|ren, sie entbehrte, die Entbehrung

ent|bin|den, die Entbindung

ent|de|cken, die Entdeckung

die **En|te**, die Enten, der Enterich

ent|fer|nen, sie entfernte, die Entfernung, entfernt

ent|füh|ren, die Entführung

ent|ge|gen

ent|geg|nen, sie entgegnete

ent|glei|sen, er entgleiste

ent|hal|ten, die Enthaltung

ent|kom|men, sie entkam

ent|lang

ent|las|sen, sie entließ, die Entlassung

sich **ent|rüs|ten,** er ist entrüstet

die **Ent|schä|di|gung**

ent|schei|den, er entschied, die Entscheidung

sich **ent|schlie|ßen,** sie entschloss sich, der Entschluss

ent|schul|di|gen, er entschuldigte, die Entschuldigung

sich **ent|set|zen,** sie entsetzte sich, das Entsetzen, entsetzlich

ent|ste|hen, die Entstehung

ent|täu|schen, die Enttäuschung, enttäuscht

ent|we|der

ent|wer|fen, sie entwirft, er entwarf, der Entwurf

ent|wi|ckeln, die Entwicklung

ent|zü|ckend

ent|zün|den, die Entzündung

ent|zwei

er

sich **er|bar|men,** er erbarmte sich, das Erbarmen, erbärmlich

der **Er|be,** die **Erbin,** die Erben

D: Engel; ***NL:*** engel; ***DK:*** engel; ***GB:*** angel *(äin~~sch~~el)*; ***F:*** ange *(~~ahnsch~~)*; ***E:*** angel *(anchel)*; ***I:*** angelo *(ánd~~sch~~elo)*; ***PL:*** anioł *(aniou)*; ***Skr:*** ándjeo *(ándscho)*. Ursprung ist das alte griechische Wort für *Gottesbote*. Das spricht man heute so: *ángelos.*

Erica

er|ben, sie erbte, das Erbe, die Erbschaft
er|beu|ten, sie erbeutete
er|bost sein
die **Erb|se,** die Erbsen
der **Erd|ap|fel,** die Erdäpfel
das **Erd|be|ben,** die Erdbeben
die **Erd|bee|re,** die Erdbeeren
die **Erd|bir|ne,** die Erdbirnen
die **Er|de,** das Erdgeschoss
das **Erd|gas**
die **Erd|nuss,** die Erdnüsse
das **Erd|öl**
sich **er|eig|nen,** es ereignete sich, das Ereignis
er|fah|ren, sie erfuhr, die Erfahrung
er|fin|den, sie erfand, hat erfunden, die Erfindung
der **Er|folg,** die Erfolge, erfolgreich, erfolglos
er|for|der|lich
er|for|schen, sie erforschte, die Erforschung
sich **er|freu|en,** erfreulich
er|frie|ren, er erfror, die Erfrierung
er|fri|schen, die Erfrischung, erfrischend
er|fül|len, die Erfüllung
er|gän|zen, die Ergänzung
er|ge|ben, das Ergebnis
er|gie|big
er|grei|fen, sie ergriff
er|hal|ten, die Erhaltung, erhältlich
Erhard, Erhart *(alter deutscher Name: Ehre + hart)*
er|he|ben, die Erhebung, erheblich
er|ho|len, die Erholung, erholsam
Erich, Eric, Erik, Erica, Erika *(mächtiger Mensch – Ursprung skandinavisch)*
sich **er|in|nern,** sie erinnerte sich, die Erinnerung
sich **er|käl|ten,** sie erkältete sich, die Erkältung
der **Er|ker,** die Erker
er|klä|ren, er erklärte, die Erklärung
er|kran|ken, er erkrankte, die Erkrankung
sich **er|kun|di|gen,** sie erkundigte sich, die Erkundigung
er|lau|ben, sie erlaubte, die Erlaubnis
er|läu|tern, sie erläuterte, die Erläuterung
die **Er|le,** die Erlen
er|le|ben, das Erlebnis
er|le|di|gen, sie erledigte, die Erledigung
er|lö|sen, die Erlösung

Ernst

er|mah|nen,
die Ermahnung
er|mä|ßi|gen,
die Ermäßigung
er|mit|teln, sie ermittelt,
die Ermittlung
Erna, Ernst *(alter deutscher Name: ernster, besonnener Mensch)*
er|näh|ren, die Ernährung
ernst, ernsthaft

> ernst
>
> **klein:**
> Er nimmt es ernst.
> Die Lage wird ernst.
> Es ist mir ernst.
>
> **groß:**
> Es ist mein Ernst.
> Sie sagt das im Ernst.
> Er will es allen Ernstes.

ern|ten, sie erntete,
die Ernte
er|o|bern, sie eroberte,
die Eroberung
er|öff|nen, er eröffnete,
die Eröffnung
er|ör|tern, sie erörterte,
die Erörterung

die **E|ro|si|on**
die **E|ro|tik,** erotisch
er|picht sein auf etwas
er|pres|sen, die Erpressung, der Erpresser
er|qui|cken, erquickend, erquicklich
er|ra|ten, sie erriet
er|re|gen, die Erregung, der Erreger
er|rei|chen
er|ret|ten, die Errettung, der Erretter
er|rich|ten, die Errichtung
er|rin|gen, sie errang, hat errungen
er|schau|dern,
sie erschauderte
er|schei|nen, es erschien, die Erscheinung
er|schlie|ßen,
die Erschließung
er|schöp|fen, erschöpft, die Erschöpfung
er|schre|cken,
sie erschrickt, er erschrak, er ist erschrocken, denn er wurde erschreckt, es ist erschreckend

Die Erbse in verschiedenen Mundarten

Holstein und Hamburg: Art, Arft; ***Münsterland, Ostwestfalen, Bochum:*** Iärfte; ***Lipperland:*** Iarfte, Erfte; ***Schwaben:*** Erbis, Erbes, Erwes; ***Bergisches Land:*** Eäze; ***NL:*** erwt *(ert)*; ***DK:*** ært

Esther

er|schüt|tern, sie erschütterte, erschüttert

er|set|zen, er ersetzte, der Ersatz, das Ersatzteil

er|spa|ren, die Ersparnis

erst, erst heute, nun erst recht

> erste
>
> **klein:**
> die ersten beiden
> die erste Hilfe
>
> **groß:**
> als Erster im Ziel
> als Erster kommen
> das Erste, was ich höre
> die Erste Vorsitzende

er|stau|nen, erstaunt

ers|tens

er|sti|cken, sie erstickte

erst|klas|sig

er|tap|pen, sie ertappte

er|trin|ken, er ertrank, ist ertrunken

er|wach|sen, der Erwachsene

er|wäh|nen, sie erwähnte, die Erwähnung

er|war|ten, die Erwartung

er|wer|ben, sie erwarb, hat erworben

er|wi|dern, sie erwiderte, die Erwiderung

Erwin *(alter deutscher Name: Heer + Freund)*

das **Erz,** die Erze

er|zäh|len, sie erzählte, die Erzählung

er|zeu|gen, das Erzeugnis

er|zie|hen, sie erzog, die Erziehung

es✿

die **E|sche,** die Eschen

der **E|sel,** die Esel

der **Es|ki|mo,** die Eskimos

es|sen, er isst, er aß, gegessen, das Essen, essbar

der **Es|sig**

Esther *(Stern – Name aus der Bibel, Ursprung persisch)*

die **E|ta|ge,** die Etagen

das **E|ti|kett,** die Etiketten

et|li|che

das **E|tui,** die Etuis

et|wa

et|was, etwas Gutes tun, etwas Wichtiges fragen

> **So ruft der Esel in Europa**
>
> ***Deutschland, Dänemark und Niederlande:*** i-a; ***England:*** hee-haw *(hiehå)*; ***Italien:*** ihoh-ihoh; ***Polen:*** i-o; ***Frankreich:*** hi-hau; ***Türkei:*** a-i

Fabian

euch, eu|er
Eugen *(der Wohlgeborene – Ursprung griechisch)*
die **Eu|le,** die Eulen
der **Eu|ro,** die Euros, 3 €
Eu|ro|pa, die Europäer, europäisch
Eva, Eve, Evi, Evelyn *(das Leben – in der Bibel die erste Frau auf Erden)*
Französ.: **Ève** *(ähw)*
Englisch: **Eve** *(iew)*
Spanisch: **Eva**
e|van|ge|lisch
das **E|van|ge|li|um,** die Evangelien
Ewald *(alter deutscher Name: Gesetz + herrschen)*
e|wig, die Ewigkeit
e|xakt
das **E|xem|plar,** die Exemplare
e|xis|tie|ren, es existierte, die Existenz
die **Ex|pe|di|ti|on,** die Expeditionen
das **Ex|pe|ri|ment,** die Experimente, experimentieren
ex|plo|die|ren, es explodierte, die Explosion
ex|tra

die **Fa|bel,** die Fabeln
fa|bel|haft
Fabian, Fabio, Fabienne *(aus der römischen Familie der Fabier)*
die **Fa|brik,** die Fabriken, der Fabrikant
fa|bri|zie|ren, er fabrizierte
das **Fach,** die Fächer
der **Fach|ar|bei|ter,** die Facharbeiter
fä|cheln, er fächelte, der Fächer
der **Fach|mann,** fachmännisch, die **Fachfrau,** die Fachleute
das **Fach|werk**
die **Fa|ckel,** die Fackeln
fad, fade
der **Fa|den,** die Fäden, einfädeln
fä|hig, die Fähigkeit
fahn|den, sie fahndete, die Fahndung
die **Fah|ne,** die Fahnen
die **Fahr|bahn,** die Fahrbahnen
die **Fäh|re,** die Fähren
fah|ren, sie fährt, sie fuhr
der **Fah|rer,** die **Fahrerin,** die Fahrer
die **Fahr|kar|te,** die Fahrkarten
fahr|läs|sig
das **Fahr|rad***, die Fahrräder

Falko

die **Fahrt,** die Fahrten
die **Fähr|te,** die Fährten
der **Fahr|ten|schwim|mer**
das **Fahr|zeug,** die Fahrzeuge
fair, unfair, die Fairness, das Fairplay
Falko, Falk *(Falke – alter deutscher Name)*
der **Fall,** die Fälle, der Fallschirm

> **Fall**
>
> **getrennt und groß:**
> auf jeden Fall
> für den Fall, dass …
> von Fall zu Fall
>
> **klein und zusammen:**
> anderenfalls
> bestenfalls
> jedenfalls
> keinesfalls
> notfalls

die **Fal|le,** die Fallen
fal|len, sie fiel
fäl|len, er fällte
fäl|lig
falls
falsch*
fäl|schen, der Fälscher, die Fälschung
die **Fal|te,** die Falten, falten, faltig
der **Fal|ter,** die Falter
die **Fa|mi|lie,** die Familien
fan|gen, sie fing, der Fang, der Fänger
Fanni (→ Stefanie)
die **Fan|ta|sie,** die Fantasien, fantastisch
die **Far|be,** die Farben, färben, farbig
die **Farm,** die Farmen
der **Farn,** die Farne
der **Fa|san,** die Fasane
der **Fa|sching**
fa|seln, er faselte
die **Fa|ser,** die Fasern
die **Fas|net**
das **Fass,** die Fässer
die **Fas|sa|de,** die Fassaden
fas|sen, sie fasste
sie **fasst** (Grundform: fassen)
die **Fas|sung,** die Fassungen
fast (beinahe)
fas|ten, er fastete

> Das Fußballspiel haben Engländer erfunden: Viele Fachausdrücke haben wir eingedeutscht, z. B. aus für out, Halbzeit für halftime. Aber das englische Wort fair *(anständig, sportlich sauber)* gilt unverändert – sogar in der ganzen Welt.

die **Fast|nacht**
Fatima *(arabischer Name – so hieß die Tochter des Propheten Mohammed)*

Felizitas

fau|chen, sie fauchte
faul, verfaulen
faul, faulenzen, die Faulheit, der Faulpelz
die **Faust,** die Fäuste
der **Fa|vo|rit,** die Favoriten
die **Fa|xen** (Grimassen)
das **Fax|ge|rät** (kurz: Fax), faxen
der **Fe|bru|ar**✿
die **Fe|der,** die Federn
fe|gen, sie fegte
feh|len, es fehlte
der **Feh|ler,** die Fehler
fei|ern, sie feierte, feierlich, die Feier, der Feierabend
fei|ge, der Feigling, die Feigheit
die **Fei|ge,** die Feigen
fein
der **Feind,** die Feinde, die Feindschaft, feindlich
das **Feld,** die Felder
die **Fel|ge,** die Felgen, die Felgenbremse
Felix, Felizitas, Felizia, Felice *(glücklicher Mensch – Ursprung römisch)*
das **Fell,** die Felle
der **Fels** oder: der Felsen, die Felsen, felsig
das **Fens|ter,** die Fenster
Ferdinand, Ferdi, Ferdl *(kühner Schützer – Ursprung spanisch)*
Spanisch: **Fernando**
Italienisch: **Ferdinando**
Französ.: **Ferrand** (ferr~~an~~)
die **Fe|ri|en**
das **Fer|kel,** die Ferkel
fern, die Ferne
fern|se|hen, er sah fern, das Fernsehen, der Fernseher
die **Fer|se,** die Fersen
fer|tig, fertig bekommen
die **Fes|sel,** die Fesseln
fest
das **Fest,** die Feste, festlich
fest|stel|len, die Feststellung
das **Fett,** die Fette, fettig
fett, etwas ist fett
der **Fet|zen,** die Fetzen
feucht, die Feuchtigkeit
der **Feu|del,** die Feudel
das **Feu|er,** die Feuer, feurig
die **Feu|er|wehr,** die Feuerwehren
das **Feu|er|werk**
das **Fi|as|ko,** die Fiaskos
die **Fi|bel,** die Fibeln

A B C D E F G H I J K L M N O P Q R S T U V W X Y Z

Florian

die **Fich|te,** die Fichten
das **Fie|ber,** fiebern, fiebrig, das Fieberthermometer
ich **fiel** (Grundform: fallen)
die **Fi|gur,** die Figuren
der **Film,** die Filme, filmen, der Filmstar
der **Fil|ter,** die Filter, filtern
der **Filz,** die Filze, der Filzschreiber, der Filzstift
die **Fi|nan|zen,** das Finanzamt, der Finanzminister
fin|den, sie fand, hat gefunden, der Finder, der Fund
der **Fin|ger,** die Finger
der **Fink,** die Finken
Finn, Fynn *(ein Finne oder: irischer Sagenheld)*
Finn|land, die Finnen, finnisch
fins|ter, die Finsternis
die **Fir|ma,** die Firmen
die **Fir|mung,** firmen
der **Fisch,** die Fische, fischen, der Fischer
fit, die Fitness
fix
flach, die Fläche, das Flachland
fla|ckern, es flackerte

die **Flag|ge,** die Flaggen
die **Flam|me,** die Flammen, flammen, entflammt
die **Fla|sche***, die Flaschen
flat|tern, er flatterte
flau
der **Flaum,** die Flaumfeder
die **Flau|te,** die Flauten
flech|ten, er flicht, hat geflochten, die Flechte
der **Fleck,** die Flecken, fleckig
die **Fle|der|maus,** die Fledermäuse
der **Fle|gel,** die Flegel
fle|hen, er flehte
das **Fleisch,** fleischig, der Fleischer
der **Fleiß,** flei|ßig
flen|nen, er flennte
flet|schen, er fletschte
fli|cken, sie flickte, der Flicken
der **Flie|der**
die **Flie|ge,** die Fliegen
flie|gen, sie flog
flie|hen, er floh, die Flucht
die **Flie|se,** die Fliesen
flie|ßen, es floss
flim|mern, es flimmerte, das Flimmern
flink
die **Flin|te,** die Flinten
flit|zen, sie flitzte, der Flitzer

A B C D E F G H I J K L M N O P Q R S T U V W X Y Z

die **Flo|cke,** die Flocken, flockig
der **Floh,** die Flöhe
Flora, Florence
(Blume – Ursprung römisch)

Florence

Florian, Florentine
(prächtiger Mensch – Ursprung römisch)
das **Floß,** die Flöße
die **Flos|se,** die Flossen
die **Flö|te,** die Flöten
flott
flu|chen, er fluchte, der Fluch
die **Flucht,** flüchten, der Flüchtling
flüch|tig, die Flüchtigkeit, der Flüchtigkeitsfehler
der **Flug,** die Flüge
der **Flü|gel,** die Flügel, flügge
das **Flug|zeug,** die Flugzeuge
flun|kern, er flunkerte
der **Flur** (Hausflur), die Flure
die **Flur** (Feldflur), die Fluren
der **Fluss,** die Flüsse
flüs|sig, die Flüssigkeit
flüs|tern, sie flüsterte
die **Flut,** die Fluten

das **Foh|len,** die Fohlen
der **Föhn,** föhnen
fol|gen, sie folgte, die Folge
die **Fo|lie,** die Folien
fol|tern, er folterte
for|dern, er forderte, die Forderung
för|dern, sie förderte, die Förderung, der Förderunterricht
die **Fo|rel|le,** die Forellen
die **Form,** die Formen, formen
das **For|mu|lar,** die Formulare
for|schen, er forschte, die Forscherin
der **Forst,** die Forsten, der Förster
fort
fort|fah|ren
der **Fort|schritt,** die Fortschritte, fortschrittlich
fort|set|zen, sie setzte fort, die Fortsetzung
das **Fo|to,** die Fotos
der **Fo|to|graf,** die **Fotografin**
fo|to|gra|fie|ren, sie fotografierte, die Fotografie
foul spielen, das Foul

> Wer im Spiel gegen die Regeln der Fairness verstößt, spielt foul *(faul)*. Das englische Wort bedeutet *schmutzig, hässlich.*
> Es ist verwandt mit unserem Wort faul.
> (Das ist leicht zu merken: Wer absichtlich foul spielt, mit dem ist etwas faul.)

Franz

die **Fracht,** die Frachten, der Frachter

fra|gen, sie fragte, die Frage

frag|lich, frag|wür|dig

die **Frak|ti|on,** die Fraktionen

Frank, Franc, Franka *(aus dem Volk der Franken – alter deutscher Name)*

das **Fran|ken|land**

fran|kie|ren, sie frankierte

Frank|reich, die Franzosen, französisch

die **Fran|se,** die Fransen

Franz, Franziska, Franzi *(Mensch, der gut Französisch spricht – Name eines berühmten Heiligen)*

	Männer	Frauen
I:	**Francesco,**	**Francesca**
	(frantschesko …)	
GB:	**Francis,**	**Frances**
	(fränßis,	fränßes)
F:	**François,**	**Françoise**
	(fr~~an~~ßoa,	fr~~an~~ßoas)
DK, NL:	**Frans**	
PL:	**Franćiszek**	
	(frantschischek)	

die **Frä|se,** die Fräsen, fräsen

die **Frat|ze,** die Fratzen

die **Frau✿,** die Frauen

Frauke *(niederdeutsch: kleine Frau)*

frech, die Frechheit, der Frechdachs

Fred (→ Alfred, Manfred)

Freddy *(englische Kurzform von* → Alfred *und* → Friedrich*)*

die **Fre|gat|te,** die Fregatten

frei, die Freiheit

> frei
>
> **klein:**
> freies Geleit zusichern
> freie Fahrt
>
> **groß:**
> ins Freie gehen
> die Spiele im Freien
> Sender Freies Berlin (SFB)

frei|lich

der **Frei|tag✿,** die Freitage (Hast du Probleme? → Kasten Dienstag)

frei|wil|lig

die **Frei|zeit,** die Freizeiten

fremd, die Fremden, die Fremde

fres|sen, du frisst, sie fraß

sich **freu|en,** sie freute sich, die Freude, freudig

der **Freund,** die **Freundin,** die Freunde, die Freundinnen

freund|lich

die **Freund|schaft,** freundschaftlich

der **Frie|den** oder: der Friede

fried|lich

Fritzi

Europäische Friede-Namen

In den Namen auf dieser Seite steckt das germanische Wort für Friede. Die Namen bedeuten u. a.: friedlicher Mensch, Friedensherrscher, großer Friedensheld, Friedenskämpfer, Beschützer vor Krieg.

Männernamen:

Friedrich, Fritz, Fried, Friedo, Frederik, Fredrik, Fredrick, Frerk, Frerich, Friedel, Fridolin, Friedbert, Friedemann, Friedemar, Frieder, Friedewald, Friedhelm, Freddy

Italienisch: **Federico**

Spanisch: **Federigo**

Französisch: **Frédéric**

Englisch: **Frederic**

Frauennamen:

Friedeburg, Friederike, Frederike, Friedlieb, Friedrun, Fricka, Friedegund, Fredegund, Frieda, Frida, Friedrun, Friedel, Friedelind, Fritzi

frie|ren, sie fror
die **Fri|ka|del|le,** die Frikadellen
frisch, die Frische
fri|sie|ren, er frisierte
der **Fri|sör/Fri|seur,** die Frisöre
die **Fri|sö|rin/Fri|seu|rin,** die Frisörinnen
sie **frisst** (Grundform: fressen)
die **Frist,** die Fristen, fristlos
die **Fri|sur,** die Frisuren
froh*
fröh|lich, die Fröhlichkeit
fromm, die Frömmigkeit
Fron|leich|nam
die **Front,** die Fronten
fron|tal
der **Frosch,** die Frösche
der **Frosch|laich**
der **Frost,** die Fröste, frostig
frös|teln, sie fröstelte
das **Frot|tee|hand|tuch**
frot|tie|ren, er frottierte
frot|zeln, sie frotzelte
die **Frucht,** die Früchte
frucht|bar
früh, früher, frühestens
der **Früh|ling***, das Frühjahr

D: Eine Schwalbe macht noch keinen Sommer. ***F***: Une hirondelle ne fait pas le printemps. *(ühn irondell ne fä pa le präntan)* ***GB***: One swallow does not make a summer. *(oan ßwållou das not mäik e ßammer)* ***I***: Una rondine non fa primavera.

Fynn

das **Früh|stück***, frühstücken
frus|triert, der Frust
der **Fuchs,** die Füchse
der **Fuchs|schwanz**
das **Fu|der,** die Fuder
die **Fu|ge,** die Fugen
sich **fü|gen,** er fügte sich
füh|len, er fühlte, der Fühler
füh|ren, sie führte
der **Füh|rer,** die **Führerin,** die Führer
der **Füh|rer|schein**
die **Füh|rung,** die Führungen
das **Fuhr|werk,** die Fuhrwerke
fül|len, sie füllte, die Füllung
der **Fül|ler,** die Füller
fum|meln, er fummelte, die Fummelei
der **Fund,** die Funde, das Fundbüro
das **Fun|da|ment,** die Fundamente
fünf* (*Hast du Probleme?* → Kästen acht, dritte)
fünf|mal
ein **Fünf|tel**
fünf|zehn, fünf|zig
der **Funk,** funken, der Funker
der **Fun|ke,** die Funken
fun|keln, es funkelte
funk|ti|o|nie|ren, es funktionierte
für
die **Fur|che,** die Furchen
furcht|bar
fürch|ten, sie fürchtete, die Furcht
fürch|ter|lich
für|ein|an|der
das **Fur|nier,** die Furniere, furniert
der **Fürst,** die Fürsten, fürstlich
die **Furt,** die Furten
der/das **Fu|run|kel,** die Furunkel
der **Fuß***, die Füße, zu Fuß
der **Fuß|ball***, die Fußbälle
der **Fuß|gän|ger,** die **Fußgängerin,** die Fußgänger
futsch
das **Fut|ter,** füttern, die Fütterung
Fynn (→ Finn)

> Unser Wort Frühstück bedeutet: Früh gegessenes Stück Brot. Die Engländer sagen: breakfast (*breckfeß*). Break heißt *abbrechen,* fast heißt *fasten.* (Wer schläft, muss zwangsläufig fasten. Das wird morgens durch Essen abgebrochen.)

Gabriele

die **Ga|be,** die Gaben
die **Ga|bel,** die Gabeln
Gabriel, Gabriele, Gabriela, Gabi, Gaby *(Mensch Gottes – Name aus der Bibel)*
ga|ckern, es gackerte
gaf|fen, er gaffte
gäh|nen, sie gähnte
die **Gal|le**
der **Ga|lopp,** galoppieren
der **Gang,** die Gänge
die **Gans,** die Gänse
ganz, gänzlich

ganz
groß
das Ganze
als Ganzes
im großen Ganzen
im Großen und Ganzen
Er geht aufs Ganze.
Es geht ums Ganze.

gar gekocht
die **Ga|ra|ge,** die Garagen
die **Ga|ran|tie,** die Garantien
ga|ran|tie|ren, sie garantierte
die **Gar|de|ro|be,** die Garderoben
die **Gar|di|ne,** die Gardinen
gä|ren, es gärte, gegoren, die Gärung
gar kein
das **Garn,** die Garne
gar nicht
gar|nie|ren, er garnierte, die Garnierung
die **Gar|ni|son,** die Garnisonen
die **Gar|ni|tur,** die Garnituren
gars|tig
der **Gar|ten,** die Gärten
der **Gärt|ner,** die **Gärtnerin,** die Gärtner
die **Gärt|ne|rei,** die Gärtnereien
das **Gas,** die Gase
die **Gas|se,** die Gassen
der **Gast,** die Gäste
das **Gast|haus,** die Gasthäuser, die Gaststätte
gast|lich
der **Gat|te,** die Gatten
das **Gat|ter,** die Gatter
die **Gat|tin,** die Gattinnen
der **Gauk|ler,** die Gaukler
der **Gaul,** die Gäule
der **Gau|men,** die Gaumen
der **Gau|ner,** die Gauner
das **Ge|bäck**
die **Ge|bär|de,** die Gebärden
ge|bä|ren, sie gebar, hat geboren
das **Ge|bäu|de,** die Gebäude
ge|ben, sie gibt, sie gab, gib her!

A B C D E F **G** H I J K L M N O P Q R S T U V W X Y Z

Gebhard

das **Ge|bet,** die Gebete

Gebhard(t) *(alter deutscher Name: Gabe + hart)*

das **Ge|biet,** die Gebiete

ge|bie|ten, sie gebot

der **Ge|bie|ter,** die **Gebieterin,** die Gebieter

ge|bil|det sein

das **Ge|bir|ge,** die Gebirge, gebirgig

das **Ge|biss,** die Gebisse

ge|bo|ren

das **Ge|bot,** die Gebote

ge|brau|chen, der Gebrauch, die Gebrauchsanweisung

das **Ge|bre|chen,** die Gebrechen

das **Ge|brüll**

die **Ge|bühr,** die Gebühren

die **Ge|burt,** die Geburten, der Geburtstag✿

das **Ge|büsch,** die Gebüsche

das **Ge|dächt|nis**

der **Ge|dan|ke,** die Gedanken

das **Ge|deck,** die Gedecke

ge|dei|hen, es gedieh

ge|den|ken, er gedachte, das Gedenken

das **Ge|dicht,** die Gedichte

das **Ge|drän|ge**

die **Ge|duld,** geduldig

ge|eig|net

die **Ge|fahr,** die Gefahren, gefährlich

das **Ge|fäl|le,** die Gefälle

ge|fal|len, es gefiel ihr

die **Ge|fäl|lig|keit,** die Gefälligkeiten

lass **ge|fäl|ligst** den Unsinn!

das **Ge|fäng|nis,** die Gefängnisse

das **Ge|fäß,** die Gefäße

das **Ge|fie|der**

das **Ge|flü|gel**

ge|frä|ßig

das **Ge|fühl,** die Gefühle

ge|gen, ge|gen|ein|an|der

Zum Geburtstag:

I: Buon compleanno!; ***GB:*** Happy birthday! *(häppi börðdäi)*; ***F:*** Joyeux anniversaire! *(~~seh~~oajöh anniwerßähr)*; ***DK:*** Tillykke med fødselsdagen! *(tillügge með föðelsdäin)*; ***NL:*** Hartelijk gefeliciteerd! *(hartelik chefeliziteert)*; ***GR:*** (sprich:) *chrónia polá*; ***PL:*** Serdeczne zyczenia! *(ßerdetschne ~~seh~~itschénia)*; ***E:*** ¡Cumpleaños feliz! *(kumpleanjos felið)*; ***SKr:*** Sretan rodendan! *(sretan rod~~seh~~endan)*; ***TR:*** Doğum gününüz kutlu olsun! *(dooum gününüs kutlu olßun)*; ***CZ:*** K narozeninám! *(knarosenjinam)*

Geli

die **Ge|gend,** die Gegenden
der **Ge|gen|satz,** die Gegensätze
ge|gen|sei|tig
der **Ge|gen|stand,** die Gegenstände
das **Ge|gen|teil**
ge|gen|über
die **Ge|gen|wart**
der **Geg|ner,** die Gegner
das **Ge|halt,** die Gehälter (verdientes Geld)
der **Ge|halt** (Inhalt, Wert)
ge|häs|sig, die Gehässigkeit
das **Ge|häu|se,** die Gehäuse
das **Ge|he|ge,** die Gehege
ge|heim
das **Ge|heim|nis,** die Geheimnisse
ge|hen✿, sie ging, ist gegangen
ge|heu|er, nicht geheuer
der **Ge|hil|fe,** die Gehilfen
das **Ge|hirn,** die Gehirne, die Gehirnerschütterung
das **Ge|hölz**
das **Ge|hör**
ge|hor|chen, er gehorchte
ge|hö|ren, es gehörte ihr
ge|hö|rig
der **Ge|hor|sam,** gehorsam sein

der **Gei|er,** die Geier
die **Gei|ge,** die Geigen
geil
die **Gei|sel,** die Geiseln, die Geiselnahme
die **Geiß,** die Geißen
der **Geist,** die Geister, geistig, geistlich
der **Geist|li|che,** die Geistlichen
gei|zig, der Geiz, der Geizhals
das **Ge|läch|ter**
ge|lähmt
das **Ge|län|de**
das **Ge|län|der,** die Geländer
ge|launt, gut gelaunt
gelb✿ (Hast du Probleme? → Kasten blau)
das **Geld,** die Gelder
der/das **Ge|lee,** die Gelees
die **Ge|le|gen|heit,** die Gelegenheiten
ge|le|gent|lich
ge|lehrt, der Gelehrte, gelehrig
das **Ge|lei|se** (auch: das Gleis), die Geleise
das **Ge|lenk,** die Gelenke, gelenkig
Geli (→ Angelika)
ge|lin|gen, es gelang, ist gelungen
gel|lend laut

Georg

gel|ten, es gilt, es galt, hat gegolten
ge|mäch|lich
der **Ge|mahl,** die **Gemahlin**
das **Ge|mäl|de,** die Gemälde
ge|mäß
ge|mein, die Gemeinheit
die **Ge|mein|de,** die Gemeinden
ge|mein|sam
die **Ge|mein|schaft,** die Gemeinschaften
das **Ge|mü|se**
das **Ge|müt,** die Gemüter
ge|müt|lich, die Gemütlichkeit
ge|nau, die Genauigkeit
ge|nau|so
ge|neh|mi|gen, sie genehmigte, die Genehmigung
der **Ge|ne|ral,** die Generäle
die **Ge|ne|ra|ti|on,** die Generationen
ge|ni|al
das **Ge|nick**
ge|nie|ßen, er genoss
der **Ge|ni|tiv** (2. Fall)
der **Ge|nos|se,** die Genossen
die **Ge|nos|sen|schaft,** die Genossenschaften
ge|nug

ge|nü|gen, es genügte, es ist genügend
der **Ge|nuss,** die Genüsse
die **Ge|o|gra|fie / Geographie**
die **Ge|o|me|trie**
Georg *(Bauer – Ursprung griechisch)*
Engl.: **George** *(d~~sch~~ortsch)*
Franz.: **Georges** *(~~sch~~or~~sch~~)*
Griech.: **Georgios** *(jorjos)*
Polnisch: **Grzegorz** *(g~~sch~~egosch)*
Frauennamen: **Georgia, Giorgia, Giorgina**
das **Ge|päck**
ge|ra|de
ge|ra|de|aus*, **ge|ra|de|zu**
Gerald *(alter deutscher Name: Speer + herrschen)*
das **Ge|rät,** die Geräte
ge|ra|ten, es geriet
aufs **Ge|ra|te|wohl**
ge|räu|mig
das **Ge|räusch,** die Geräusche
Gerda *(die Schützerin – Ursprung isländisch)*
ge|recht, die Gerechtigkeit
Gerhard, Gerd, Gert, Gerard, Gerrit *(alter deutscher Name: Speer + hart)*
Gerhild *(alter deutscher Name: Speer + Kampf)*
das **Ge|richt,** die Gerichte
ge|ring, am geringsten

A B C D E F G H I J K L M N O P Q R S T U V W X Y Z

ge|rin|nen, es gerann, ist geronnen

Gesine

das **Ge|rip|pe,** die Gerippe

ge|ris|sen

Gerlind, Gerlinde *(alter deutscher Name: Speer + Schild)*

der **Ger|ma|ne,** die Germanen, Germanien, germanisch

gern

Gernot *(alter deutscher Name: Speer + Gefahr)*

Gerold (→ Gerald)

das **Ge|röll**

die **Gers|te**

Gertraud, Gertrud, Gerta, Gesina, Gesine, Gesa *(alter deutscher Name: Speer + Kraft)*

der **Ge|ruch,** die Gerüche

das **Ge|rücht,** die Gerüchte

das **Ge|rüm|pel**

das **Ge|rüst,** die Gerüste

ge|samt

der **Ge|sang,** die Gesänge

das **Ge|schäft,** die Geschäfte, geschäftlich

ge|sche|hen, es geschieht, es geschah

ge|scheit

das **Ge|schenk**✿, die Geschenke

die **Ge|schich|te,** die Geschichten

ge|schickt, das Geschick, die Geschicklichkeit

das **Ge|schirr**

das **Ge|schlecht,** die Geschlechter

der **Ge|schmack,** geschmacklos

das **Ge|schöpf,** die Geschöpfe

das **Ge|schoss,** die Geschosse

das **Ge|schrei**

das **Ge|schütz,** die Geschütze

das **Ge|schwätz,** geschwätzig

ge|schwind, die Geschwindigkeit

die **Ge|schwis|ter**

ge|schwol|len

das **Ge|schwür,** die Geschwüre

der **Ge|sel|le,** die Gesellen

ge|sel|lig, die Geselligkeit

Erdkunde in Europa: ***DK***: geografi; ***I, E, PL***: geografia; ***TR***: coğrafya; ***GB***: geography; ***F***: géographie; ***D***: Geografie.
Dahinter steckt das alte griechische Wort für Erdbeschreibung.
Heute spricht man es im Griechischen so: *jeografía.*

A B C D E F G H I J K L M N O P Q R S T U V W X Y Z

Giulio

die **Ge|sell|schaft,** die Gesellschaften
das **Ge|setz,** die Gesetze, gesetzlich
das **Ge|sicht**, die Gesichter
das **Ge|spann,** die Gespanne
das **Ge|spenst,** die Gespenster
das **Ge|spräch,** die Gespräche, gesprächig
die **Ge|stalt,** die Gestalten
ge|stal|ten, sie gestaltete, die Gestaltung
das **Ge|ständ|nis,** die Geständnisse
der **Ge|stank**
ge|stat|ten, sie gestattete
ge|ste|hen, er gestand
das **Ge|stein,** die Gesteine
das **Ge|stell,** die Gestelle
ges|tern
ge|streift
das **Ge|strüpp**
ge|sund, die Gesundheit
das **Ge|tö|se**
das **Ge|tränk,** die Getränke
das **Ge|trei|de**
das **Ge|wächs,** die Gewächse
ge|wäh|ren, sie gewährte
die **Ge|walt,** die Gewalten, gewaltig
das **Ge|wand,** die Gewänder
ge|wandt sein
das **Ge|wäs|ser,** die Gewässer

das **Ge|we|be,** die Gewebe, gewebt
das **Ge|wehr,** die Gewehre
das **Ge|weih,** die Geweihe
das **Ge|wer|be,** die Gewerbe
die **Ge|werk|schaft,** die Gewerkschaften
ge|we|sen (Grundform: sein)
das **Ge|wicht,** die Gewichte
das **Ge|wim|mel**
das **Ge|win|de,** die Gewinde
ge|win|nen, sie gewann, gewonnen, der Gewinner
das **Ge|wirr**
ge|wiss, die Gewissheit
das **Ge|wis|sen,** die Gewissen, gewissenhaft, gewissenlos
ge|wis|ser|ma|ßen
die **Ge|wiss|heit**
das **Ge|wit|ter,** die Gewitter, gewittrig
ge|witzt
ge|wöh|nen, er gewöhnte, die Gewöhnung
die **Ge|wohn|heit,** die Gewohnheiten
ge|wöhn|lich
ge|wohnt, ge|wöhnt
das **Ge|wöl|be,** die Gewölbe, gewölbt
das **Ge|wühl**
das **Ge|würz,** die Gewürze, gewürzt
die **Ge|zei|ten** (Ebbe und Flut)

Giulia

der **Gie|bel,** die Giebel
die **Gier,** gierig
gie|ßen, sie goss, der Guss
das **Gift,** die Gifte, giftig
Gina (→ Regina)
der **Gins|ter**
der **Gip|fel,** die Gipfel
der **Gips,** gipsen
die **Gi|raf|fe,** die Giraffen
die **Gir|lan|de,** die Girlanden
Gisbert *(glänzender Mann – alter deutscher Name)*
Gisela, Gisa *(edle junge Frau – alter deutscher Name)*
die **Gi|tar|re,** die Gitarren
Gitta, Gitte (→ Brigitte)
das **Git|ter,** die Gitter
Giulio, Giulia, Giuliano (→ Julius)
glän|zen, es glänzte, der Glanz
das **Glas,** die Gläser, gläsern
der **Gla|ser,** die Glaser
glatt, die Glätte
die **Glat|ze,** die Glatzen
glau|ben, er glaubte, der Glaube, gläubig

gleich, das Gleichgewicht, der Gleichschritt, gleichgültig, gleichmäßig, gleichzeitig

> gleich
> **klein**:
> gleich groß
> Das ist mir gleich.
> **groß**:
> Es ist das Gleiche.
> Zwei tun das Gleiche.
> Das kommt aufs Gleiche hinaus.
> Gleiches mit Gleichem vergelten
> **zusammen**:
> gleichaltrig
> gleichartig
> gleichbedeutend
> gleichberechtigt

das **Gleis,** die Gleise
glei|ten, sie glitt
der **Glet|scher,** die Gletscher
das **Glied,** die Glieder, gliedern
die **Glie|de|rung,** die Gliederungen
glim|men, es glomm
glimpf|lich
glit|schig
glit|zern, es glitzerte

> Etwas Blankes, Glattes, das glänzt und strahlt, hieß früher glat. Wenn ein Mensch strahlt, ist er fröhlich. Engländer sagen noch heute für *fröhlich* glad *(gläd)*. Auch wir haben noch ein altes Wort für Blankes und strahlend Glattes: Glatze.

Golo

der **Glo|bus,** die Globen oder: die Globusse
die **Glo|cke**✿, die Glocken
Gloria *(Ruhm, Ehre – Ursprung römisch)*
glot|zen, er glotzte
das **Glück,** glücklich✿
die **Glu|cke,** die Glucken
glü|cken, es glückte
glu|ckern, es gluckerte
der **Glück|wunsch,** die Glückwünsche
glü|hen, es glühte, aber: die Glut
die **Glut,** die Gluthitze
die **Gna|de,** gnädig
das **Gold,** golden, goldig
Golo (→ Gottfried)
der **Gong,** die Gongs
gön|nen, sie gönnte
der **Go|ril|la,** die Gorillas
der **Gott,** die **Göttin,** die Götter, göttlich
Gottfried *(alter deutscher Name: Gott + Friede)*
Gotthard *(alter deutscher Name: Gott + hart)*
Gotthelf, Gotthilf, Gotthold, Gottlieb, Gottlob *(fromme Namen aus dem 17. Jahrhundert)*
das **Grab,** die Gräber
gra|ben, er grub
der **Gra|ben,** die Gräben
Grace, Gracia, Grazia *(Anmut – Ursprung römisch)*
der **Grad,** die Grade, 30 Grad (30°), aber: der → Grat
das **Gramm,** fünf Gramm (5 g)
die **Gram|ma|tik**
die **Gra|na|te,** die Granaten
der **Gra|nit**
gran|tig
das **Gras,** die Gräser, grasen
gräss|lich
der **Grat,** der Berggrat, aber: der → Grad
die **Grä|te,** die Gräten
die **Grät|sche,** die Grätschen
gra|tu|lie|ren, sie gratulierte, die Gratulation
grau✿, gräulich, aber: → greulich (Hast du Probleme? → Kasten blau)
grau|en, es graute, das Grauen, grauenhaft

Grenze: Zwei Familien
NL: grens *(chrens)*; ***DK:*** grænse; ***PL:*** granica; ***CZ:*** hranice; ***I:*** frontiera; ***E:*** frontera; ***GB:*** frontier *(frontiär)*; ***F:*** frontière *(frontiähr)*; ***Skr:*** granica *(granitza)*; ***Russisch:*** (sprich:) *granitza*

Gretel

die **Grau|pel,** die Graupeln, es graupelt
grau|sam, die Grausamkeit
grau|sig
Gregor *(der Wachsame – Ursprung griechisch)*
grei|fen, sie griff, der Griff
der **Greis,** die **Greisin,** die Greise
grell
die **Gren|ze,** die Grenzen
Greta, Gretchen, Grete, Gretje, Gretel (→ Margarete)
die **Greu|el,** die Greueltaten
greu|lich, aber: → gräulich
Grie|chen|land, die Griechen, griechisch
der **Grieß,** der Grießbrei
der **Griff,** die Griffe
der **Grill,** die Grills, grillen
die **Gril|le,** die Grillen
die **Gri|mas|se,** die Grimassen
grim|mig
grin|sen, er grinste
die **Grip|pe**
Grit, Grita (→ Margarete)
grob
der **Gro|bi|an,** die Grobiane
grö|len, er grölte
der **Groll,** grollen
der **Gro|schen,** die Groschen

groß, die Größe

> groß
>
> **groß**
> etwas Großes
> im großen Ganzen
> im Großen und Ganzen
> für Groß und Klein
> die Großen gegen die Kleinen
> Otto der Große
> **klein:**
> die großen Ferien
> die große Pause

groß|ar|tig
Groß|bri|tan|ni|en, die Briten, britisch
die **Groß|el|tern***
die **Grot|te,** die Grotten
die **Gru|be,** die Gruben
grü|beln, sie grübelte
grün, grünen, das Grün, der Gründonnerstag

> grün
>
> **klein:**
> am grünen Tisch
> die grüne Welle (bei Ampeln)
> **groß:**
> das frische Grün
> dasselbe in Grün
> die Ampel zeigt Grün
> die Grünen (polit. Partei)
> (Hast du andere Probleme? → Kasten blau)

der **Grund,** die Gründe
gründ|lich
der **Grund|riss,** die Grundrisse
der **Grund|satz,** die Grundsätze, grundsätzlich
die **Grund|schu|le,** die Grundschulen
das **Grund|stück,** die Grundstücke
grun|zen, es grunzte
die **Grup|pe,** die Gruppen
sich **gru|seln,** er gruselte sich, gruselig oder: gruslig
grü|ßen, er grüßte, der Gruß
gu|cken, sie guckte
Gudrun *(alter deutscher Name: Kampf + Geheimnis)*
Guido *(Kind des Waldes – deutsch-französische Form)*
das/der **Gu|lasch**
die **Gül|le**
der **Gul|ly,** die Gullys
gül|tig, die Gültigkeit
das/der **Gum|mi,** die Gummis
der **Gum|mi|twist**
Gunda, Gundel, Gundela, Gunthild, Gunhilde, Gundula, Gunhild *(alte deutsche Namen, in denen das germanische Wort gund für Kampf steckt)*

Gunnar

Gunnar *(nordische Form von* → Günter*)*
güns|tig, die Gunst
Günter, Gunter (→ Gunda)
die **Gur|gel,** die Gurgeln
gur|geln, sie gurgelte
die **Gur|ke,** die Gurken
der **Gurt,** die Gurte
der **Gür|tel,** die Gürtel
der **Guss,** die Güsse
Gustav, Gus, Gustel, *(Stütze der Goten – schwedischer Name)*
gut*

> gut
>
> **groß:**
> alles Gute!
> Ich sage es dir im Guten!
> Das hat auch sein Gutes.
> Das ist des Guten zu viel.
>
> **klein:**
> jenseits von gut und böse
>
> **getrennt:**
> ein gut gemeinter Rat
> Lass es dir gut gehen!
> Das ist noch mal gut gegangen.

das **Gut,** die Güter
die **Gü|te,** gütig
Gwendolyn *(die Hellblonde – Ursprung keltisch)*
das **Gym|na|si|um,** die Gymnasien
die **Gym|nas|tik**

Haike

das **Haar**°, die Haare, das Härchen, haarig, haarscharf

die **Ha|be,** Hab und Gut

ha|ben°, sie hat, sie hatte

die **Hab|gier,** habgierig

der **Ha|bicht,** die Habichte

die **Ha|cke,** die Hacken

der **Ha|fen,** die Häfen

der **Ha|fer**

die **Haft,** haften, der Häftling, der Haftbefehl

die **Ha|ge|but|te,** die Hagebutten

der **Ha|gel,** hageln

ha|ger

der **Hahn,** die Hähne

der **Hai,** die Haie

Haike, Haiko (→ Heike)

hä|keln, sie häkelte

der **Ha|ken,** die Haken

halb, halbieren

die **Halb|zeit,** die Halbzeiten

die **Hal|de,** die Halden

die **Hälf|te,** die Hälften

die **Hal|le,** die Hallen

Hal|le|lu|ja!

hal|len, es hallt

die **Hal|lig,** die Halligen

hal|lo

der **Halm,** die Halme

das **Hal|ma**

das **Ha|lo|gen|licht**

der **Hals,** die Hälse

Halt machen

halt|bar, die Haltbarkeit

hal|ten, er hielt

die **Hal|te|stel|le,** die Haltestellen

die **Hal|tung,** die Haltungen

der **Ha|lun|ke,** die Halunken

Ham|burg, die Hamburger, hamburgisch

hä|misch

der **Ham|mel,** die Hammel oder: die Hämmel

der **Ham|mer,** die Hämmer, hämmern

ham|peln, er hampelte, der Hampelmann

der **Hams|ter,** die Hamster, hamstern

die **Hand**°, die Hände, die Handschrift

han|deln, sie handelte, der Handel, die Handlung

Namen-Familien

D: Hafen; ***NL:*** haven; ***DK:*** havn *(haun)* – København *(Köbenhaun)* → Kopenhagen heißt *Kaufmannshafen.* ***GB:*** harbour *(haarber)* und port; ***I:*** porto; ***E:*** puerto; ***F:*** port *(poor)*; ***PL:*** port; ***GR:*** (sprich:) *limáni*; ***SKr:*** luka

A B C D E F G H I J K L M N O P Q R S T U V W X Y Z

Hanna

der **Händ|ler,** die **Händlerin,** die Händler

die **Hand|schel|len**

der **Hand|schuh,** die Handschuhe

das **Hand|tuch,** die Handtücher

das **Hand|werk**

das **Han|dy** (sprich: *händi*)

der **Hanf**

hän|gen, sie hängte, es hing, es hat gehangen

> hängen
>
> Der Rock hing am Haken. Bis gestern hat er dort gehangen. Tim hat ihn da aufgehängt. Er hängte ihn vor einigen Tagen dort hin. Jetzt hängt er da nicht mehr.

Hanke (→ Johannes)

Hanna, Hanne (→ Johanna)

Hannah *(Anmut – Name aus der Bibel)*

Hannedore (→ Johanna, Dorothea)

Hannelore (→ Johanna, Eleonore)

Hannes, Hanns, Hanno, Hans, Hansi (→ Johannes)

Hansdieter, Hansgeorg, Hansjoachim, Hans-jürgen, Hanswalter usw. (→ Johannes + 2. Namensteil)

hän|seln, er hänselte

der **Hap|pen,** die Happen

Harald *(alter deutscher Name: Heer + herrschen)*

die **Har|ke,** die Harken

harm|los

die **Har|moni|ka,** die Harmonikas

die **Har|pu|ne,** die Harpunen

Harri, Harry *(aus dem Englischen* → Henry*)*

hart, die Härte

Hartmut *(harter, starker Sinn – alter deutscher Name)*

hart|nä|ckig

Hartwig *(alter deutscher Name: hart + Kampf)*

der **Harz** (Gebirge)

das **Harz** (am Baum), harzig

ha|schen, er haschte

der **Ha|se,** die Hasen

> Manche Leute sagen, sie seien happy *(häppi)*, wenn sie glücklich sind. Von einem Happy End/Happyend reden wir beim guten Ausgang eines Films, besonders einer Liebesgeschichte – manchmal auch nach einer Klassenarbeit.

die **Ha|sel|nuss,** die Haselnüsse
der **Hass,** hassen
häss|lich
Hasso *(Hesse – deutscher Name)*
du **hasst** (Grundform: hassen)
du **hast** (Grundform: haben)
die **Hast,** hastig, hasten
er **hat,** sie **hatte**
die **Hau|be,** die Hauben
hau|chen, sie hauchte, der Hauch
hau|en, er haute
der **Hau|fen,** die Haufen
häu|fig
Hauke (→ Hugo)
das **Haupt,** die Häupter, die Hauptstadt, hauptsächlich
das **Haus,** die Häuser, die Hausarbeit, haushoch
die **Haus|frau,** der **Hausmann**
der **Haus|halt,** die Haushalte
der **Haus|rat**
die **Haut,** die Häute
die **Heb|am|me,** die Hebammen
der **He|bel,** die Hebel
he|ben, sie hob
der **Hecht,** die Hechte
das **Heck** des Schiffes
die **He|cke,** die Hecken
Hedwig *(Kämpferin – alter deutscher Name)*

Heiner

das **Heer,** die Heere
die **He|fe,** der Hefeteig
das **Heft,** die Hefte, heften
hef|tig, die Heftigkeit
das **Heft|pflas|ter,** die Heftpflaster
die **Hei|de** (unbebautes Land), die Heiden
der **Hei|de** (Nichtchrist), die Heiden
die **Hei|del|bee|re,** die Heidelbeeren
Heiko, Heike (→ Heinrich)
heil, die Heilung, der Heilpraktiker, heilsam
der **Hei|land**
hei|len, sie heilte, die Heilung
hei|lig, die Heiligen, der Heilige Abend
heim, ich fahre heim
das **Heim,** die Heime
die **Hei|mat**
heim|lich, die Heimlichkeit
heim|wärts fahren
das **Heim|weh**
Heinrich, Henrich, Helner, Heinz, Hein, Heiko, Hinrich *(mächtiger Herrscher – alter deutscher Name)*
Italien./Span.: **Enrico**
Englisch: **Henry** *(hänri)*
Französisch: **Henri** *(~~an~~ri)*
Schwedisch: **Henrik**

Henrike

die **Hei|rat,** die Heiraten, heiraten
hei|ser, die Heiserkeit
heiß
hei|ßen, er hieß, geheißen
hei|ter, die Heiterkeit
hei|zen, er heizte
die **Hei|zung,** die Heizungen, das Heizöl
Helene, Helena, Hella, Hela, Helen *(Ursprung griechisch, Bedeutung unklar)*
Englisch: **Helen** (hällen)
Französisch: **Élène** (elähn)
Italienisch: **Élena**
Dänisch: **Helene, Elin**
Ungarisch: **Ilona**
der **Held,** die Helden
hel|fen, sie hilft, er half, hat geholfen
der **Hel|fer,** die Helfer
Helga, Helge, Hella *(heiliger Mensch – Ursprung nordisch)*
hell, die Helligkeit
der **Helm,** die Helme
Helmut, Hellmut, Hellmuth *(Geist – alter deutscher Name. In diesen und ähnlichen Namen steckt das germanische Wort helm.)*
das **Hemd,** die Hemden

hem|men, er hemmte, die Hemmung
der **Hengst,** die Hengste
der **Hen|kel,** die Henkel
die **Hen|ne,** die Hennen
Henner, Henrik, Hendrik, Henni, Hennig, Henry, Henrike, Henriette (→ Heinrich)
her
her|ab, her|an
her|auf, her|aus
herb
die **Her|ber|ge,** die Herbergen
Herbert, Heribert *(alter deutscher Name: Heer + glänzend)*
der **Herbst**, herbstlich
der **Herd,** die Herde
die **Her|de,** die Herden
her|ein
der **He|ring,** die Heringe
Hermann, Harm, Harmen, Harmke, Hermine *(Mitglied des Heeres – alter deutscher Name)*
der **Herr**, die Herren
herr|lich
herr|schen, sie herrschte, der Herrscher
her|stel|len, sie stellte her, die Herstellung
Herta, Hertha *(eine germanische Göttin hieß ähnlich)*

Hildemar

her|über
her|um
her|un|ter
her|vor
her|vor|ra|gend
Herward, Herwarth *(alter deutscher Name: Heer + Schützer)*
das **Herz,** die Herzen
herz|lich, die Herzlichkeit
der **Her|zog,** die **Herzogin,** die Herzöge
Hes|sen, der Hesse, hessisch
Hetti (→ Hedwig)
het|zen, er hetzte, die Hetze
das **Heu**
heu|cheln, sie heuchelte, die Heuchler
heu|er (dieses Jahr)
die **Heu|er** (Lohn für Seeleute)
heu|len, sie heulte
die **Heu|schre|cke,** die Heuschrecken
heu|te[✿], heute Morgen, heute Abend
die **He|xe,** die Hexen
he|xen, er kann hexen

der **Hieb,** die Hiebe
hier, hierauf, hierbei, hierdurch, hierher, hiermit, hierzu
die **Hie|ro|gly|phen**
hie|sig
Hi-Fi (Highfidelity, sprich: *heifidellitie*)
Hilde, Hildegard, Hildegunde, Hildemar, Hildemut, Hilke, Hiltraud *(In allen Namen mit Hil- steckt hiltja, das germanische Wort für Kampf.)*
die **Hil|fe,** die Hilfen
hilf|los
hilfs|be|reit
die **Him|bee|re,** die Himbeeren
der **Him|mel,** himmlisch
hin
hin|ab
hin|auf
hin|aus
hin|dern, er hinderte
das **Hin|der|nis,** die Hindernisse
hin|durch
hin|ein
hin|ken, er hinkte

Namen der Heuschrecke in Europa
Screckan ist ein altes Wort für *springen.* Der Name bedeutet also *Heuspringer.* ***I:*** cavalletta; ***NL:*** sprinkhaan; ***DK:*** græshoppe *(gräßhoppe)*; ***GB:*** grasshopper; ***E:*** saltamontes; ***TR:*** çekirge *(tschekirge)*

Holger

hin|set|zen, sie setzte sich hin
die **Hin|sicht**
hin|ten
hin|ter
hin|ter|ein|an|der
der **Hin|ter|grund**
hin|ter|her
hin|ter|lis|tig
der **Hin|tern,** die Hintern
hin|ter|rücks
hin|über
hin|un|ter
der **Hin|weis,** die Hinweise
hin|zu
das **Hirn,** die Hirne
der **Hirsch,** die Hirsche
die **Hir|se**
der **Hirt** oder: Hirte, die Hirten
die **Hit|pa|ra|de,** der Hit
die **Hit|ze,** hitzefrei
das **Hob|by,** die Hobbys
der **Ho|bel,** die Hobel
ho|beln, sie hobelte
hoch, höher, am höchsten
der **Hoch|mut,** hochmütig
höchs|tens
die **Hoch|zeit,** die Hochzeiten
ho|cken, er hockte, die Hocke
der **Ho|cker,** die Hocker
der **Ho|den,** die Hoden
der **Hof,** die Höfe
hof|fen, sie hoffte
hof|fent|lich
die **Hoff|nung,** die Hoffnungen
höf|lich, die Höflichkeit
ho|he Bäume
die **Hö|he,** die Höhen
hohl
die **Höh|le,** die Höhlen
der **Hohn,** verhöhnen, höhnisch
der **Ho|kus|po|kus**
ho|len, sie holte
Holger *(alter dänischer Name: Insel + Speer)*
Hol|land, die Holländer, holländisch
die **Höl|le,** höllisch
hol|pern, sie holperte, holprig oder: holperig
der **Ho|lun|der**
das **Holz,** die Hölzer, hölzern
die **Ho|mö|o|pa|thie**
der **Ho|nig**
der **Hop|fen**
hop|peln, er hoppelte
hopp|la
hop|sen, er hopste
der **Hop|ser,** die Hopser
hor|chen, sie horchte
die **Hor|de,** die Horden
hö|ren, sie hörte, hörbar
der **Hö|rer,** die Hörer
der **Ho|ri|zont**
das **Horn,** die Hörner
die **Hor|nis|se,** die Hornissen

Hroswitha

das **Ho|ro|skop,** die Horoskope
Horst *(Mann aus dem Busch – deutscher Name)*
der **Hort,** die Horte
hor|ten, sie hortete
die **Ho|se,** die Hosen
die **Hos|tie,** die Hostien
das **Ho|tel,** die Hotels
Hroswitha (→ Roswitha)
Hubert *(Mann mit Verstand – alter deutscher Name)*
hübsch✿
der **Hub|schrau|ber,** die Hubschrauber
hu|cke|pack
der **Huf,** die Hufe
die **Hüf|te,** die Hüften
der **Hü|gel,** die Hügel, hüglig oder: hügelig
Hugo (→ Hubert)
das **Huhn,** die Hühner
die **Hül|le,** die Hüllen
die **Hül|se,** die Hülsen
die **Hum|mel,** die Hummeln
der **Hu|mor**
hum|peln, sie humpelte
der **Hu|mus**

der **Hund**✿, die Hunde
→ Kasten Seite 72
hun|dert

> hundert
> **klein:**
> hundert Kinder
> Tempo hundert
> ein hundertstel Gramm
> **freie Wahl:**
> einige hundert Leute
> *oder:*
> einige Hundert Leute
> hunderte von Menschen
> *oder:*
> Hunderte ...
> Hundertmeterlauf
> *oder:*
> Hundert-Meter-Lauf *oder:*
> 100-m-Lauf
> **zusammen:**
> hundertfach
> hundertmal
> hundertprozentig

der **Hun|ger,** hungern, hungrig
die **Hu|pe,** die Hupen, hupen
hüp|fen, er hüpfte
hu|schen, sie huschte
der **Hus|ten**✿, husten
der **Hut,** die Hüte
die **Hut,** hüten, auf der Hut sein
die **Hüt|te,** die Hütten

> In England heißt ein Jagdhund hound, Hund allgemein dog.
> Von dog kommt der Name für die Rasse der Doggen.
> Mit Doggen jagte man früher Bullen.
> Daher kommt der englische Name bulldog, deutsch: Bulldogge.

A B C D E F G H I J K L M N O P Q R S T U V W X Y Z

A B C D E F G H **I** J K L M N O P Q R S T U V W X Y Z

ich✿
i|de|al, das Ideal
die **I|dee,** die Ideen
der **I|di|ot,** die Idioten
der **I|gel**✿, die Igel
das **Ig|lu,** die Iglus
ihm, gib es ihm
ihn, hole ihn
ih|nen, ich sage es ihnen
ihr✿
die **Il|lus|trier|te,** die Illustrierten
im Haus (in dem Haus)
der **Im|biss,** die Imbisse
der **Im|ker,** die Imker
im|mer
im|mer|hin
imp|fen, sie impfte, die Impfung
im|po|nie|ren, sie imponierte
im|po|sant
im|stan|de sein/**im Stande** sein
in
in|dem
der **In|di|a|ner,** die Indianer

Inga

die **In|dus|trie,** die Industrien
in|ein|an|der
die **In|fek|ti|on,** der Infekt
der **In|fi|ni|tiv,** die Infinitive
in|for|mie|ren, sie informierte, die Information
der **In|ge|ni|eur,** die **Ingenieurin**, die Ingenieure
der **In|halt,** die Inhalte
die **In|li|ner,** die Inlineskater
in|nen, innerhalb
in|ner|lich
in|nig
geh **ins** Haus! (in das Haus)
das **In|sekt,** die Insekten
die **In|sel,** die Inseln
das **In|se|rat,** die Inserate, inserieren
in|so|fern
der **In|spek|tor,** die **Inspektorin,** die Inspektoren
der **In|stal|la|teur,** die Installateure, die Installation
der **In|stinkt,** die Instinkte
das **In|sti|tut,** die Institute
das **In|stru|ment,** die Instrumente
in|tel|li|gent, die Intelligenz

Namen des Igels in Europa

GB: hedgehog *(hetschhog)* = Heckenschwein; ***DK:*** pindsvin (= Stachelschwein); ***F:*** hérisson *(ehriß~~on~~)* = der Stachelige; ***E:*** erizo *(eriðo)*; ***NL:*** Egel *(ejchel)*; ***D:*** Die uralte Bedeutung ist: Schlangenfresser.

Ingo

der **In|ter|ci|ty,** die Intercitys
in|ter|es|sant
das **In|ter|es|se,** die Interessen, interessieren
in|ter|na|ti|o|nal
das **In|ter|net**
das **In|ter|view,** die Interviews, interviewen
der **In|va|li|de,** die Invaliden
in|zwi|schen
ir|gend

> irgend
> **wird fast immer zusammengeschrieben**:
> irgendein, irgendjemand
> irgendetwas, irgendwer
> irgendwo, irgendwoher
> **nur zwei Ausnahmen**:
> irgend so ein
> irgend so etwas

Ir|land, die Iren, irisch
die **I|ro|nie,** ironisch
ir|ren, sie irrte
der **Irr|tum,** die Irrtümer
der **I|schi|as**
die **I|so|la|ti|on,** isolieren
Is|ra|el, die Israelis, israelitisch
du **isst** (Grundform: essen)
er **ist*** (Grundform: sein)
I|ta|li|en, die Italiener, italienisch

Ibrahim *(arabische Form für Abraham = großer Vater)*
Ida *(junge Frau – alter deutscher Name)*
Ilka, Ilona (→ Helene)
Ilse (→ Elisabeth)
Ilsegret (→ Ilse, Margarete)
Imke, Imma, Imme (→ Irmgard)
Immanuel *(Gott ist mit uns – Ursprung griechisch)*
Ina (→ Katharina, Caroline)
Ines *(spanisch:* → Agnes*)*
Inga, Inge, Ingeborg, Inka *(göttlicher Schutz – nordischer Name)*
Ingemar, Ingomar, Ingo *(Name eines germanischen Gottes)*
Ingrid *(die Schöne – Ursprung skandinavisch)*
Ira, Irina, Irene *(Frieden – Ursprung griechisch)*
Iris *(Name der griechischen Götterbotin)*
Irmtraud, Irma, Irmel, Irmela, Irmgard, Irmhild, Irmtraud *(In allen Namen steckt das germanische Wort irm = groß.)*
Isabel, Isabell, Isabella, Isabelle *(eine spanische und italienische Form von* → Elisabeth*)*

Jakob

ja / Ja✿ sagen
die **Jacht,** die Jachten
die **Ja|cke,** die Jacken
ja|gen, er jagt, die Jagd
der **Ja|gu|ar,** die Jaguare
jäh, der Jähzorn
das **Jahr,** die Jahre, jährlich, das einjährige Kind
der **Jahr|gang,** die Jahrgänge
der **Jahr|markt,** die Jahrmärkte
der **Jam|mer,** jammern, jämmerlich
der **Ja|nu|ar**✿
Ja|pan, die Japaner, japanisch
jap|sen, er japste
jä|ten, er jätete
die **Jau|che**
jauch|zen, sie jauchzte
jau|len, er jaulte
ja|wohl
der **Jazz,** jazzen
je
je|den|falls
je|der, jede, jedes Mal
je|doch
je|mals
je|mand, je|ner
jen|seits
Je|sus
jetzt✿
je|weils
der **Job,** die Jobs, jobben
jo|deln, sie jodelte
der/das **Jo|ghurt / Jo|gurt**
joh|len, er johlte
der **Jour|na|list,** die **Journa-listin,** die Journalisten
ju|beln, der Jubel
das **Ju|bi|lä|um,** die Jubiläen
ju|bi|lie|ren, sie jubilierte
ju|cken, sie juckte
der **Ju|de,** die Juden
das **Ju|do**
die **Ju|gend,** die Jugendlichen, jugendlich
die **Ju|gend|wei|he**
der **Ju|li**✿
jung, der Junge, der Jüngling, der Junggeselle
der **Ju|ni**✿
der **Ju|rist,** die Juristen
das **Ju|wel,** die Juwelen, der Juwelier
der **Jux**

Als die Römer England besetzt hatten, lernten die Eingeborenen das Wort iocus *(Spaß)*. Jetzt heißt das englische Wort joke und Spaßmacher nennt man joker. So heißt auch eine besondere Spielkarte: Es macht Spaß, wenn man sie hat.

Josephine

Bis zum ❖ sind alle Namen biblisch.

Jakob, Jacob, Jascha, Jack, James, János, Jacques *(der Fersenhalter)*

Jan, Jens, Janik, Janick, Jannik, Jannick, Jannis (→ Johannes)

Jeremias, Jeremy *(Gott erhöht)*

Joachim, Jochen, Jochem *(Gott richtet auf)*

Joel *(Jehova ist Gott)*

Johannes, Johann, John, Giovanni, Gianni, Jean, Juan, Jupp *(Gott ist gnädig)*

Jonas *(Taube)*

Jonathan *(Gottesgabe)*

Josef, Joseph, Joe, José *(Gott möge vermehren)*

Joshua, Josua *(Gott hilft)* ❖

Jörg, Joris, Jörn, Jürn, Jürgen, Jörgen, Jörn, Juri, Jeffrey, Jeff (→ Georg)

Jost *(Krieger – Name aus Frankreich)*

Julius, Julian *(aus der berühmten Familie der Julier – Ursprung römisch)*

Justus, Just, Justinus, Justin *(der Gerechte und Redliche – Ursprung römisch)*

Wer Genaues wissen will, braucht ein Namenbuch.

Jacqueline *(französisch: → Jakob)*

Jana, Janna, Janina, Janine (→ Jan)

Jasmin(a) *(Name nach dem Strauch mit duftenden Blüten)*

Jennifer *(Name der Frau des Keltenkönigs Artus)*

Jenny, Jenni *(die Wohlgeborene – Ursprung griechisch)*

Jessica *(Gott sieht dich – Name aus der Bibel)*

Jette (→ Henriette)

Johanna, Janka, Jenni, Jo, Joana, Giovanna (→ Johannes)
Englisch: **Jane, Janet, Jean, Joan, Jenny**
Französisch: **Jeanne, Jeannette, Jeanine**
Spanisch: **Juana, Juanita**
Italienisch: **Giovanna**

Josepha, Josefa, Josephine, Josefine (→ Josef)

Judith, Jutta *(Frau aus Jehud – Name aus der Bibel)*

Julia, Jula, Juliana, Jule, Juliane, Juliette, Julie, Jill, Jillian (→ Julius)

Justina (→ Justin)

Kai

das **Ka|bel,** die Kabel, der Kabelanschluss
die **Ka|bi|ne,** die Kabinen
die **Ka|chel,** die Kacheln
der **Kä|fer,** die Käfer
der **Kaf|fee**✿
der **Kä|fig,** die Käfige
kahl
der **Kahn,** die Kähne
Kai, Kay *(Kampf – Ursprung friesisch/skandinavisch)*
der **Kai,** die Kais
der **Kai|ser,** die **Kaiserin,** die Kaiser, kaiserlich
der **Ka|jak,** die Kajaks
die **Ka|jü|te,** die Kajüten
der **Ka|kao**✿
der **Kak|tus,** die Kakteen
das **Kalb,** die Kälber
der **Ka|len|der,** die Kalender
der **Kalk,** kalken, kälken
Kalle (→ Karl)
die **Ka|lo|rie,** die Kalorien
kalt✿, die Kälte
ich **kam** (Grundform: kommen)
das **Ka|mel,** die Kamele
die **Ka|me|ra,** die Kameras
der **Ka|me|rad,** die **Kameradin,** die Kameradschaft, kameradschaftlich
die **Ka|mil|le,** der Kamillentee
der **Ka|min,** die Kamine
der **Kamm,** die Kämme, kämmen
die **Kam|mer,** die Kammern
der **Kampf,** die Kämpfe, kämpfen
der **Ka|nal,** die Kanäle, die Kanalisation
der **Ka|na|ri|en|vo|gel,** die Kanarienvögel
der **Kan|di|dat,** die **Kandidatin,** die Kandidaten
das **Kän|gu|ru,** die Kängurus
das **Ka|nin|chen,** die Kaninchen
der **Ka|nis|ter,** die Kanister
die **Kan|ne,** die Kannen
der **Ka|non,** die Kanons
die **Ka|no|ne,** die Kanonen
die **Kan|ta|te,** die Kantaten
die **Kan|te,** die Kanten, kantig
die **Kan|ti|ne,** die Kantinen
das **Ka|nu,** die Kanus
die **Kan|zel,** die Kanzeln
der **Kanz|ler,** die Kanzler
die **Ka|pel|le,** die Kapellen
ka|pie|ren, er kapierte
der **Ka|pi|tän,** die **Kapitänin,** die Kapitäne
das **Ka|pi|tel,** die Kapitel
der **Ka|plan,** die Kaplane
die **Kap|pe,** die Kappen
die **Kap|sel,** die Kapseln

Siehe auch C und Ch!

ka|putt, etwas kaputtmachen
die **Ka|pu|ze,** die Kapuzen
das **Ka|ra|te**
die **Ka|ra|wa|ne**
der **Kar|di|nal,** die Kardinäle
Karen (→ Karin)
der **Kar|frei|tag,** die Karfreitage
karg, kärglich, die Kargheit
ka|riert
die **Ka|ri|es**
Karin, Karina, Karen *(skandinavische Kurzform von* → Katharina)
Karl *(freier Mann – alter deutscher Name)*
Dänisch: **Karl**
Italienisch: **Carlo**
Spanisch: **Carlos**
Französ.: **Charles** *(scharl)*
Englisch: **Charles** *(tscharls)*
Niederländisch: **Karel**
Polnisch: **Karol**
Tschechisch: **Karel**
Frauenname: **Karla**

Siehe auch C und Ch!

der **Kar|ne|val**
das **Kar|ni|ckel,** die Karnickel
das **Ka|ro,** die Karos
die **Ka|ros|se|rie,** die Karosserien
die **Ka|rot|te,** die Karotten
der **Karp|fen,** die Karpfen
die **Kar|re,** die Karren
die **Kar|ri|e|re,** die Karrieren
Karsten (→ Christian)
die **Kar|te**✿, die Karten
die **Kar|tei,** die Karteien
die **Kar|tof|fel,** die Kartoffeln
der **Kar|ton,** die Kartons
das **Ka|rus|sell,** die Karussells
der **Kä|se**
die **Ka|ser|ne,** die Kasernen
Kaspar *(Legendenname eines der Drei Könige)*
der **Kas|per**
die **Kas|se,** die Kassen, kassieren
die **Kas|set|te**✿, die Kassetten, der Kassettenrekorder
die **Kas|ta|nie,** die Kastanien
der **Kas|ten,** die Kästen
der **Kat** (kurz für: Katalysator)
der **Ka|ta|log,** die Kataloge

Die Araber nannten das Getränk kahwa. Von denen lernten es die Türken kennen (kahve), nach ihnen Italiener (caffè), Spanier, Franzosen (café). Heute kennen es alle: Engländer (coffee), Niederländer (koffie), Tschechen (káva), Polen (kawa) ...

Katharina

die **Ka|ta|stro|phe,** die Katastrophen, katastrophal
der **Ka|ter,** die Kater
Katharina, Katharine, Katrin, Kathrin, Käthe, Kate, Kati, Katinka, Kathrein, Katja *(die Reine – Ursprung griechisch)*
Italienisch: **Caterina**
Spanisch: **Catalina**
Franz.: **Cathérine** *(katerien)*
Engl.: **Katherine** *(käđrin)*, **Kitty**
Irisch: **Kathleen** *(käđlien)*
Polnisch: **Katarzyna** *(kata~~sch~~ena)*
ka|tho|lisch, die Katholiken
die **Kat|ze***, die Katzen
das **Kau|der|welsch**
kau|en, er kaute
kau|ern, sie kauerte
kau|fen, sie kaufte, der Kauf, der Käufer
der **Kauf|mann,** die **Kauffrau,** die Kaufleute
das/der **Kau|gum|mi,** die Kaugummis

die **Kaul|quap|pe,** die Kaulquappen
kaum
der **Kauz,** die Käuze
keck
der **Ke|gel,** die Kegel, kegeln
die **Keh|le,** die Kehlen
keh|ren, er kehrte
kehrt|ma|chen
kei|fen, sie keifte
der **Keil,** die Keile, die Keilerei
der **Keim,** die Keime, der Keimling, keimfrei
kein, keine, keiner, keinmal
kei|nes|falls
kei|nes|wegs
der **Keks,** die Kekse
der **Kelch,** die Kelche
die **Kel|le,** die Kellen
der **Kel|ler,** die Keller
der **Kell|ner,** die **Kellnerin,** die Kellner
ken|nen, er kannte
die **Kennt|nis,** die Kenntnisse
das **Kenn|zei|chen,** die Kennzeichen
ken|tern, er kenterte
die **Ke|ra|mik,** die Keramiken

Abzählvers aus Italien A, B, C, D! ✳ Il mio gatto mi morì ✳ Mi morì di giovedì ✳ A, B, C, D. *(A, Bi, Tschi, Di! ✳ il mio gatto mi morí ✳ mi morí di dschowedí ...)* (der mein Katz mir gestorben ist = meine Katze ist mir gestorben)

Kevin

die **Ker|be,** die Kerben, kerben
der **Ker|ker,** die Kerker
der **Kerl,** die Kerle
der **Kern,** die Kerne, kernig
Kersten, Kirsten (→ Christian)
Kerstin, Kirsten, Kirstin (→ Christine)
die **Ker|ze,** die Kerzen
der **Kes|sel,** die Kessel
der/das **Ket|schup / Ket|chup**
die **Ket|te,** die Ketten
keu|chen, sie keuchte
der **Keuch|hus|ten**
die **Keu|le,** die Keulen
Kevin *(anmutig, hübsch – irischer Name)*
Kiara (→ Chiara)
ki|chern, er kicherte
der **Kie|bitz,** die Kiebitze
der **Kie|fer** (Gebissknochen), die Kiefer
die **Kie|fer** (Baum), die Kiefern
der **Kiel,** die Kiele
die **Kie|me,** die Kiemen
der **Kies**
der **Kie|sel,** die Kiesel
Kilian *(Kampf – irisch-schottischer Name)*
kil|len, der Killer
das **Ki|lo|gramm** (kurz: das Kilo), Zeichen: kg
der **Ki|lo|me|ter,** die Kilometer, kilometerweit, Zeichen: km
Kim *(Anführer im Kampf – irischer Name)*
das **Kind,** die Kinder, die Kindheit, kindisch, kindlich
das **Kinn,** der Kinnhaken
das **Ki|no,** die Kinos
der **Ki|osk,** die Kioske
die **Kip|pe,** die Kippen, kippen
die **Kir|che,** die Kirchen
die **Kirch|weih,** die Kirchmesse
die **Kir|mes,** die Kirmessen
die **Kir|sche,** die Kirschen
das **Kis|sen,** die Kissen
die **Kis|te,** die Kisten
die **Ki|ta,** die Kitas (kurz für: Kindertagesstätte)
der **Kitsch,** kitschig
der **Kitt**
das **Kitt|chen,** die Kittchen
der **Kit|tel,** die Kittel
das **Kitz,** die Kitze
kit|zeln, sie kitzelte, kitzlig oder: kitzelig
Klaas (→ Nikolaus)
kläf|fen, er kläffte
kla|gen, sie klagte, die Klage, kläglich
die **Klam|mer,** die Klammern
klam|mern, sie klammerte
die **Kla|mot|ten**
der **Klang,** die Klänge

A B C D E F G H I J **K** L M N O P Q R S T U V W X Y Z

Klara

Siehe auch C und Ch!

klap|pen, es klappte, die Klappe

klap|pern, es klapperte, die Klapper

klapp|rig oder: klapperig

der **Klaps,** die Klapse

klar, klären, die Klarheit, die Kläranlage

Klara, Klarina, Klarissa *(die Leuchtende – Ursprung römisch)*

die **Klas|se,** die Klassen, das ist Klasse/klasse

der **Klas|sen|leh|rer,** die **Klassenlehrerin**

der **Klass|leh|rer,** die **Klasslehrerin**

klat|schen, er klatschte, die Klatsche

klau|ben, sie klaubte

die **Klaue,** die Klauen

klau|en, er klaute

Klaus, Kolja (→ Nikolaus)

das **Kla|vier,** die Klaviere

kle|ben, sie klebte, der Kleber, klebrig

der **Kleb|stoff,** die Klebstoffe

kle|ckern, er kleckerte

der **Klecks,** die Kleckse

kleck|sen, sie kleckste

der **Klee**

das **Kleid,** die Kleider, kleiden, die Kleidung

klein*, die Kleinigkeit, kleinlich

> klein
>
> **groß:**
> Klein Fritzchen
> bis ins Kleinste
> Er ist der Kleinste.
> Kleine spielen mit Großen.
>
> **klein:**
> von klein auf
>
> **getrennt/zusammen:**
> klein beigeben
> ein Wort kleinschreiben
> Holz klein hacken
> jemanden kleinkriegen
> Du kannst dir das nicht merken? Nicht schlimm! Die meisten Erwachsenen können das auch nicht.

der **Kleis|ter**

klem|men, es klemmte, in der Klemme sein

der **Klemp|ner,** die Klempner

die **Klet|te,** die Kletten

klet|tern, sie kletterte

der **Kli|cker,** die Klicker

das **Kli|ma,** die Klimaanlage, klimatisiert

der **Klimm|zug,** die Klimmzüge

klim|pern, er klimperte

die **Klin|ge,** die Klingen

die **Klin|gel,** die Klingeln, klingeln

Klaus

klin|gen, es klang, hat geklungen
die **Kli|nik,** die Kliniken
die **Klin|ke,** die Klinken, klinken
die **Klip|pe,** die Klippen
klir|ren, es klirrte
klö|nen, der Klönschnack
klop|fen, es klopfte, der Klopfer
der **Klops,** die Klöpse
das **Klo(sett),** die Klos(etts)
der **Kloß,** die Klöße
das **Klos|ter,** die Klöster
der **Klotz,** die Klötze
der **Klub,** die Klubs
klug, die Klugheit
der **Klum|pen,** die Klumpen
knab|bern, er knabberte
der **Kna|be,** die Knaben
das **Knä|cke|brot**
kna|cken, es knackte, der Knacks
knal|len, es knallte, der Knall
knapp
knar|ren, es knarrte

knat|tern, es knatterte
das **Knäu|el,** die Knäuel
knau|sern, er knauserte, knauserig oder: knausrig
der **Kne|bel,** die Knebel
der **Knecht,** die Knechte
knei|fen, sie kniff
kne|ten, er knetete, die Knete
kni|cken, er knickte, der Knick
der **Knicks,** die Knickse, knicksen
das **Knie,** die Knie, knien
knip|sen, er knipste
der **Knirps,** die Knirpse
knir|schen, es knirschte
knis|tern, es knisterte
knit|tern, er knitterte
kno|beln, sie knobelte
der **Knob|lauch**
der **Knö|chel,** die Knöchel
der **Kno|chen,** die Knochen, knochig
der **Knö|del,** die Knödel
die **Knol|le,** die Knollen
der **Knopf,** die Knöpfe, knöpfen
der **Knor|pel,** die Knorpel

Abgeschlossen heißt auf Englisch: closed *(klousd)*, ein *kleines, abgetrenntes Zimmer* closet *(klosit)*. Ein Zimmerchen mit Wasserspülung nannte man früher water-closet. Wir gebrauchen das Wort heute kurz so: Klosett, WC oder Klo.

Knut

die **Knos|pe,** die Knospen
der **Kno|ten,** die Knoten
knül|len, er knüllte
knüp|fen, sie knüpfte
der **Knüp|pel,** die Knüppel
knur|ren, er knurrte
knusp|rig oder: knusperig, knuspern
Knut *(der Waghalsige – skandinavischer Name)*
k. o. schlagen, k. o. sein
der **Koch,** die **Köchin,** die Köche, der Kocher
ko|chen, sie kochte
der **Kof|fer,** die Koffer
der **Kohl**
die **Koh|le,** die Kohlen
die **Ko|kos|nuss,** die Kokosnüsse
der **Kol|ben,** die Kolben
der **Kol|le|ge,** die **Kollegin,** die Kollegen
die **Ko|lon|ne,** die Kolonnen
kom|bi|nie|ren, sie kombinierte, die Kombination
der **Ko|met,** die Kometen
kom|for|ta|bel
der **Ko|mi|ker,** die Komiker
ko|misch
das **Kom|ma,** die Kommas oder: die Kommata

kom|man|die|ren, er kommandierte, das Kommando, der Kommandant
kom|men, er kommt, er kam
der **Kom|men|tar,** die Kommentare, kommentieren
der **Kom|mis|sar,** die **Kommissarin,** die Kommissare
die **Kom|mo|de,** die Kommoden
die **Kom|mu|ni|on**
der **Kom|mu|nis|mus,** die Kommunisten, kommunistisch
die **Ko|mö|die,** die Komödien
die **Kom|pa|nie,** die Kompanien
der **Kom|pass,** die Kompasse
kom|plett
das **Kom|pli|ment,** die Komplimente
kom|pli|ziert
kom|po|nie|ren, sie komponierte, der Komponist
der **Kom|post,** die Komposte
das **Kom|pott,** die Kompotte
der **Kom|pro|miss,** die Kompromisse
die **Kon|di|ti|on,** die Konditionen
der **Kon|di|tor,** die **Konditorin,** die Konditoren

Konni

das **Kon|fekt**
die **Kon|fe|renz,** die Konferenzen
die **Kon|fes|si|on,** die Konfessionen
das **Kon|fet|ti**
die **Kon|fir|ma|ti|on,** die Konfirmationen, konfirmieren
die **Kon|fi|tü|re,** die Konfitüren
der **Kon|flikt,** die Konflikte
der **Kö|nig,** die **Königin,** die Könige, königlich
die **Kon|kur|renz,** der Konkurrent, die Konkurrentin
kön|nen, er kann, sie konnte, der Könner
Konrad, Konradin, Konradine *(kühner Ratgeber – alter deutscher Name)*
die **Kon|ser|ve,** die Konserven, konservieren
der **Kon|so|nant,** die Konsonanten
Konstantin, Konstanze, Konni *(standhafter Mensch – Ursprung römisch)*
kon|stru|ie|ren, sie konstruierte, die Konstruktion
der **Kon|sum,** der Konsument, konsumieren
der **Kon|takt,** die Kontakte
der **Kon|ti|nent,** die Kontinente
das **Kon|to,** die Konten
der **Kon|trast,** die Kontraste
die **Kon|trol|le,** die Kontrollen, kontrollieren
kon|zen|trie|ren, er konzentrierte sich, die Konzentration, konzentriert
das **Kon|zert,** die Konzerte
der **Kopf***, die Köpfe, der Kopfball, die Kopfschmerzen*
kopf|über
die **Ko|pie,** die Kopien, kopieren
Kora *(Name einer griechischen Göttin)*
der **Ko|ran**
der **Korb,** die Körbe
die **Kor|del,** die Kordeln
der **Kor|ken,** die Korken, der Korkenzieher
das **Korn,** die Körner
der **Kör|per***, die Körper
kor|rekt, die Korrektur
der **Kor|ri|dor,** die Korridore

Wir übernahmen von den Franzosen: confiture *(c~~on~~fitühr)*, gelée *(~~sch~~elee)*, croissant *(kroaß~~an~~)*, praline *(pralien)*, baguette *(bagett)*, bonbon *(b~~on~~b~~on~~)*, compote *(k~~om~~pott)*, bouillon *(buij~~on~~)*, sauce *(sooß)*, liqueur *(liköhr)*. Sind die Franzosen größere Feinschmecker?

A B C D E F G H I J K L M N O P Q R S T U V W X Y Z

kor|ri|gie|ren, sie korrigierte
die **Kos|me|tik,** kosmetisch
der **Kos|mo|naut,** die Kosmonauten
der **Kos|mos**
die **Kost,** kosten, köstlich
kost|bar
kos|ten, es kostete
die **Kos|ten**
das **Kos|tüm,** die Kostüme, kostümieren
der **Kot**
das **Ko|te|lett,** die Koteletts
der **Kö|ter,** die Köter
der **Kot|flü|gel,** die Kotflügel
kot|zen, er kotzte
die **Krab|be,** die Krabben
krab|beln, sie krabbelte
kra|chen, es krachte, der Krach
kräch|zen, er krächzte
die **Kraft,** die Kräfte, kräftig
der **Kra|gen,** die Kragen
die **Krä|he,** die Krähen
krä|hen, er krähte
die **Kral|le,** die Krallen
der **Kram,** kramen
der **Krampf,** die Krämpfe, krampfhaft, verkrampft
der **Kran,** die Kräne
krank*, die Kranken, das Krankenhaus

Kristin

Siehe auch C und Ch!

krän|ken, es kränkte, die Kränkung
die **Krank|heit,** die Krankheiten
der **Kranz,** die Kränze
krass
der **Kra|ter,** die Krater
krat|zen, sie kratzte
krau|len, er kraulte
kraus, kräuseln
das **Kraut,** die Kräuter
die **Kra|wat|te,** die Krawatten
der **Krebs,** die Krebse
der **Kre|dit,** die Kredite
die **Krei|de,** die Kreiden
der **Kreis,** die Kreise
krei|schen, sie kreischte
der **Krei|sel,** die Kreisel
die **Krem,** die Krems
das **Kreuz,** die Kreuze, kreuzen, die Kreuzung
krie|chen, sie kroch
der **Krieg,** die Kriege
krie|gen, sie kriegte
der **Kri|mi,** die Krimis
Kristian (→ Christian)
Kristin (→ Christine)
kri|tisch, die Kritik, die Kritiker, kritisieren
krit|zeln, er kritzelte
das **Kro|ko|dil,** die Krokodile
der **Kro|kus,** die Krokusse
die **Kro|ne,** die Kronen

die **Krö|te,** die Kröten
die **Krü|cke,** die Krücken
der **Krug,** die Krüge
der **Krü|mel,** die Krümel, krümeln
krumm, die Krümmung, sich krümmen
der **Krüp|pel,** die Krüppel
die **Krus|te,** die Krusten
die **Kü|che***, die Küchen
der **Ku|chen***, die Kuchen
ku|cken, sie kuckte
der **Ku|ckuck,** die Kuckucke
die **Ku|gel,** die Kugeln, kuglig, kugelig, der Kugelschreiber
die **Kuh***, die Kühe
kühl, kühlen, die Kühlung, der Kühlschrank
kühn, die Kühnheit
das **Kü|ken,** die Küken
die **Kul|tur,** die Kulturen
der **Küm|mel**
der **Kum|mer,** sich kümmern, bekümmert, kümmerlich
der **Kun|de,** die Kunden, die Kundschaft
die **Kun|de,** die Sachkunde

kün|di|gen, sie kündigte, die Kündigung
künf|tig
Kuno *(kühner Ratgeber der Sippe – alter deutscher Name)*
kun|ter|bunt
das **Kup|fer**
die **Kup|pel,** die Kuppeln
die **Kur,** die Kuren
die **Kur|bel,** die Kurbeln, kurbeln
der **Kür|bis,** die Kürbisse
der **Kurs,** die Kurse
Kurt (→ Konrad)
die **Kur|ve,** die Kurven, kurven, kurvig
kurz, kürzen, die Kürzung
kürz|lich, kurzsichtig
die **Ku|si|ne,** die Kusinen
der **Kuss,** die Küsse, küssen, sie küsste
die **Küs|te,** die Küsten
die **Kut|sche,** die Kutschen, kutschieren
der **Kut|ter,** die Kutter
das **Ku|vert,** die Kuverts
Kw
Wörter mit kw gibt es nicht. Schlage unter Qu nach!

Wir übernahmen von den Franzosen:
crème *(crähm)*, poudre *(puhdre)*, parfum *(parf~~ün~~)*, pincette *(p~~in~~ßett)*, nécessaire *(neßeßähr)*, perruque *(perrück)* …
War ihre Körperpflege besser?

A B C D E F G H I J K L M N O P Q R S T U V W X Y Z

Larissa

la|bern, sie laberte

das **La|bor** (eigentlich: Laboratorium), die Labors

la|chen, sie lachte, lächeln

lä|cher|lich

der **Lachs,** die Lachse

der **Lack,** die Lacke, lackieren

la|den, du lädst (auch: du ladest), er lud, die Ladung

die **La|ge,** die Lagen

das **La|ger,** die Lager, lagern

lahm, die Lähmung

der **Laib** Brot, aber: der → Leib

der **Laich,** laichen

der **Laie,** die Laien

das **La|ken,** die Laken

die **La|krit|ze**

lal|len, er lallte

la|men|tie|ren, er lamentierte

das **La|met|ta**

das **Lamm,** die Lämmer

die **Lam|pe,** die Lampen

der **Lam|pi|on,** die Lampions

das **Land,** die Länder

lan|den, sie landete, die Landung

die **Land|stra|ße,** die Landstraßen

der **Land|wirt,** die Landwirte, die Landwirtschaft

lang, die Länge, längs

> lang
>
> **klein**:
> seit langem
> **groß**:
> des Langen und Breiten
> **getrennt**:
> zu lang, allzu lang
> **zusammen**:
> meterlang, jahrelang
> stundenlang, tagelang
> *aber:*
> zehn Tage lang usw.

die **Lan|ge|wei|le**

lang|sam

längst

der **Lap|pen,** die Lappen

Lara *(russisch; auch italienisch:* → Laurentia*)*

die **Lär|che** (Nadelbaum), die Lärchen, aber: die → Lerche

Larissa *(Name einer Fürstentochter – russischer Name griechischer Herkunft)*

der **Lärm,** lärmen

Lars *(skandinavische Form von* → Laurentius*)*

die **Lar|ve,** die Larven

las|sen, er lässt, er ließ

läs|sig

das **Las|so,** die Lassos

die **Last,** die Lasten, der Lastkraftwagen (Laster, Lkw)

Leander

das **Las|ter,** die Laster
läs|tern
läs|tig
das **La|tein,** lateinisch
die **La|ter|ne,** die Laternen
die **Lat|te,** die Latten
lau, lauwarm
das **Laub**
die **Lau|be,** die Lauben
lau|ern, sie lauerte, auf der Lauer liegen
lau|fen, sie lief, der Lauf
die **Lau|ne,** die Launen
Laurentius, Laurentia, Laura, Lara *(Mensch aus der Stadt Laurentium – Ursprung römisch)*
Laurin *(ein Zwergenkönig in einer deutschen Sage)*
die **Laus,** die Läuse
der **Laus|bub,** die Lausbuben
lau|schen, er lauschte, der Lauscher
laut sein, der Lautsprecher
der **Laut,** die Laute, lautlos
läu|ten, er läutete
die **La|va**
die **La|wi|ne,** die Lawinen
Lea *(Name aus der Bibel, Bedeutung unklar)*
Leander *(alter griechischer Name: Volk + Mann)*
das **Le|ben,** wir leben, lebhaft, lebendig
die **Le|ber**
der **Leb|ku|chen,** die Lebkuchen
lech|zen, sie lechzte
das **Leck,** die Lecks, leck sein
le|cken, er leckte
le|cker, der Leckerbissen
das **Le|der,** ledern
le|dig
le|dig|lich
leer, die Leere, leeren
le|gen, er legte
der **Lehm,** lehmig
die **Leh|ne,** die Lehnen
sich **leh|nen,** sie lehnte sich
leh|ren, der Lehrer, die Lehrerin lehrte, die Lehre
der **Leib** (Körper), die Leiber, aber: der → Laib
die **Lei|che,** die Leichen
leicht, die Leichtigkeit
die **Leicht|ath|le|tik**

Leib (Körper) bedeutete früher Leib und Leben. Unser Wort „*Leib*wächter“ bedeutet: Lebenswächter. Heute gibt es in England zwei Wörter: body (Leib) und life (Leben). Deshalb gibt es Leib- und Lebens-Wächter: bodyguard und lifeguard.

A B C D E F G H I J K **L** M N O P Q R S T U V W X Y Z

der **Leicht|sinn,** leichtsinnig
lei|den, er litt, das Leid, es tut mir Leid
die **Lei|den|schaft,** die Leidenschaften
lei|der
Leif *(Erbe, Sohn – norwegischer Name)*
lei|hen, sie lieh, die Leihbücherei
Leila, Laila *(die Dunkelhaarige – englischer Name)*
der **Leim,** leimen
die **Lei|ne,** die Leinen
das **Lei|nen,** das Leintuch
der **Lein|sa|men**
die **Lein|wand,** die Leinwände
lei|se
die **Leis|te,** die Leisten
leis|ten, sie leistete, die Leistung
lei|ten, er leitete, die Leitung
die **Lei|ter,** die Leitern
die **Lek|ti|on,** die Lektionen
die **Lek|tü|re,** die Lektüren
Lena, Lene, Leni, Lenka (→ Helene, Magdalene)
len|ken, sie lenkte, der Lenker, die Lenkung
Lennart (→ Leonhard)
der **Lenz**

Leo

Leonhard, Leonard, Leon *(alter deutscher Name: Löwe + hart)*
Italienisch: **Leonardo**
Franz.: **Léonard** (leonahr)
Engl.: **Leonard** (lennert)
Schwedisch: **Leonard, Lennart**
Leonore, Lenore (→ Eleonore)
Leonore, Leon, Leone, Leonie, Leo, Leonid, Lew *(Löwe – Ursprung römisch)*
der **Le|o|pard,** die Leoparden
Leopold *(alter deutscher Name: Volk + kühn)*
die **Ler|che** (Vogel), die Lerchen, aber: die → Lärche
ler|nen, er lernte
le|sen, sie liest, sie las
der **Le|ser,** die **Leserin,** lesbar, leserlich
letz|te, letztens

> letzte
>
> **groß:**
> das Letzte, was ich tue
> Das ist das Letzte!
> Er wird als Letzter fertig.
> Den Letzten beißen die Hunde.
> Sie gibt ihr Letztes.
> zu guter Letzt
> **klein:**
> im letzten Augenblick
> zum letzten Mal

Lisa

leuch|ten,
es leuchtete,
der Leuchter
leug|nen,
er leugnete
die **Leu|te**
der **Leut|nant,** die Leutnants
Lewis (→ Ludwig)
das **Le|xi|kon,** die Lexika
Liane (→ Juliane)
die **Li|bel|le,** die Libellen
das **Licht***, die Lichter, die Lichtung
das **Lid** (Augendeckel), die Lider, aber: das → Lied
Lida (→ Ludmilla)
die **Lie|be***, die Liebhaberei
Liebegard, Liebgard *(darin steckt das alte deutsche Wort liob = lieb)*
lie|ben, sie liebte, lieb*, lieber, der Liebling*
das **Lied,** die Lieder, aber: das → Lid
lie|der|lich
lie|fern, er lieferte, die Lieferung
lie|gen, er lag, gelegen, die Liege
Lieselotte, Liselotte (→ Elisabeth, Charlotte)
der **Lift,** die Lifte
die **Li|ga,** die Ligen
li|la
die **Li|lie,** die Lilien
der **Li|li|pu|ta|ner,** die **Liliputanerin,** die Liliputaner
Lilli, Lilly, Lili, Lill, Lilian, Liliane (→ Elisabeth)
die **Li|mo|na|de,** die Limonaden (kurz: Limo)
Lina *(Kurzform:* → Carolina)
die **Lin|de,** die Linden
Linde, Linda *(Kurzform alter deutscher Namen: Volk + Schild)*
lin|dern, er linderte, die Linderung
das **Li|ne|al,** die Lineale
die **Li|nie,** die Linien, liniert
links*, die linke Seite, der Linkshänder, linkisch
das **Li|no|le|um**
die **Lin|se,** die Linsen
die **Lip|pe,** die Lippen
Lisa, Liesa, Lisbeth, Liesbeth, Lisette, Lissy, Lizzy, Liz (→ Elisabeth)

Ich liebe dich! ***F***: Je t'aime *(~~sche~~ tähme)*; ***GB***: I love you *(ei law juh)*; ***I***: Ti amo; ***E***: Te quiero *(te kjero)*; ***DK***: Jeg elsker dig *(jej elsker dai)*; ***NL***: Ik hou van jouw! *(ick hau van jau)*; ***SKr***: Ja te volim; ***GR***: (sprich:) *sagapó*; ***TR***: Seni seviyorum! *(ßeni ßevijorum)*

A B C D E F G H I J K **L** M N O P Q R S T U V W X Y Z

Lucie

lis|peln, sie lispelte
die **List,** die Listen, listig
die **Lis|te,** die Listen
der/das **Li|ter,** drei Liter (3 l)
die **Li|te|ra|tur**
lo|ben, sie lobte, das Lob
das **Loch,** die Löcher, lochen, löchrig oder: löcherig
die **Lo|cke,** die Locken, lockig
lo|cken, sie lockte
lo|cker, lockern
lo|dern, es loderte
der **Löf|fel,** die Löffel, löffeln
die **Lo|gik,** logisch
der **Lohn,** die Löhne, lohnen
das **Lo|kal,** die Lokale
die **Lo|ko|mo|ti|ve** (kurz: Lok), die Lokomotiven
der **Lol|li** (Süßigkeit am Stiel)
Loni, Lonni, Lony, Lonny *(wie eine Löwin, dem Gott Apollo geweiht – Ursprung griechisch)*
die **Lo|re,** die Loren
Lore (→ Eleonore)
Lorenz (→ Laurentius)
Loretta, Lorette, Loritta (→ Eleonore)
los
das **Los,** die Lose, losen
lö|schen, sie löschte, das Löschblatt

lo|se
lö|sen, er löste, die Lösung
das **Lot,** die Lote
lö|ten, er lötete
Lothar *(alter deutscher Name: Heer + berühmt)*
der **Lot|se,** die Lotsen, lotsen
Lotte, Lotti (→ Charlotte)
die **Lot|te|rie,** das Lotto
der **Lö|we,** die Löwen
der **Lö|wen|zahn**
Luca (→ Lukas)
der **Luchs,** die Luchse
Lucia, Lucie, Luzia, Lucius *(glänzender Mensch – römischer Ursprung)*
die **Lü|cke,** die Lücken
das **Lu|der,** die Luder
Ludmilla *(die dem Volk lieb ist – Ursprung slawisch)*
Ludwig, Lutz *(alter deutscher Name: Kampf + berühmt)*
Englisch: **Lewis** (*luiß*)
Französisch: **Louis** (*lui*)
Spanisch: **Luis**
Italienisch: **Luigi** (*luidsch*), **Ludovico**
Dänisch: **Ludvig**
Niederländisch: **Lodewik**
Frauennamen: **Louise, Louisa, Luise, Luisa, Lu**
die **Luft,** die Lüfte
lü|gen, sie log, die Lüge

Lukas

Lukas *(Mann aus der Landschaft Lukania – Ursprung römisch)*
die **Lu|ke,** die Luken
der **Lüm|mel,** die Lümmel
der **Lump** (schlechter Mensch), die Lumpen
der **Lum|pen** (Lappen), die Lumpen
lum|pig
die **Lun|ge,** die Lungen, die Lungenentzündung
lun|gern, er lungerte
die **Lu|pe,** die Lupen
lüp|fen, sie lüpfte
die **Lu|pi|ne,** die Lupinen
der **Lurch,** die Lurche
die **Lust,** die Lüste, lustig
lut|schen, er lutschte, der Lutscher
Lu|xem|burg, die Luxemburger, luxemburgisch
der **Lu|xus,** das Luxushotel
Luzie *(die Glänzende – Ursprung römisch)*
Lydia, Liddy *(Frau aus Lydien – Ursprung griechisch)*
die **Ly|rik,** lyrisch

Mabel (mäibl) *(die Liebenswürdige – englischer Name)*
ma|chen*, sie machte
mäch|tig, die Macht
das **Mäd|chen,** die Mädchen
die **Ma|de,** die Maden
die **Magd,** die Mägde
Magdalena, Magdalene, Madeleine (madlän) *(Maria aus dem Ort Magdala – Name aus der Bibel)*
der **Ma|gen,** die Mägen oder: die Magen
ma|ger
der **Mag|net,** die Magnete, magnetisch
Magnus *(der Große – Ursprung römisch)*
mä|hen, er mähte
das **Mahl,** die Mahlzeit, aber: das → Mal
mah|len, er mahlte Mehl
Mäh|ne, die Mähnen
mah|nen, sie mahnte, die Mahnung
der **Mai***
Maik, Maike (→ Mike, Meike)
der **Mais**
die **Ma|jes|tät,** die Majestäten

In der griechischen Landschaft Magnesia fand man früher besondere „Steine“. Viele Sprachen „wissen“ es noch: ***D:*** Magnet; ***GB:*** magnet; ***F:*** aimant (äman); ***NL:*** magneet (machneet); ***TR:*** mıknatıs; ***DK:*** magnet (mauneet); ***PL:*** magnes; ***CZ:*** magnet; ***E:*** imán

Marc

der **Ma|kel**
der **Mak|ler,** die Makler
das **Make-up**
mal, komm mal!
das **Mal,** die Male
aber: das → Mahl

> mal
>
> **klein und zusammen:**
> einmal, zweimal usw.
> auf einmal, noch einmal
> diesmal, hundertmal
> ein paarmal, manchmal
> **groß und getrennt:**
> das erste Mal
> beim letzten Mal
> das nächste Mal
> jedes Mal, mit einem Male

ma|len, sie malte, der Maler, die Malerin
Malte *(alter dänischer Name: Helm + Schutz)*
Malvine, Malwine *(alter schottischer Name: wini hieß früher Freund)*
die **Ma|ma,** die Mamas
das **Mam|mut,** die Mammuts
man, aber: der → Mann
manch, manche, mancher
manch|mal
die **Man|da|ri|ne,** die Mandarinen
die **Man|del,** die Mandeln
Mandy *(die Liebenswerte – englischer Name)*
die **Ma|ne|ge,** die Manegen
Manfred *(alter deutscher Name: Mann + Friede)*
der **Man|gel** (Fehler), die Mängel, mangelhaft
die **Man|gel** (Glättrolle für Wäsche), die Mangeln
der **Mann,** die Männer, die Mannschaft, männlich
Manon (→ Maria)
das **Ma|nö|ver,** die Manöver
der **Man|tel,** die Mäntel
Manuel, Manuela (→ Emanuel)
die **Map|pe,** die Mappen
Marc, Marcel, Marco, Markus, Marcus, Marko, Marek, Marcellus, Marcella (→ Markus)
das **Mär|chen,** die Märchen
der **Mar|der,** die Marder
Marei, Mareike (→ Maria)
Maren (→ Marina)

> Schauspieler an englischen Theatern machten sich auf ihr Gesicht vor Beginn der Vorstellung Puder und Schminke. Das war das make-up *(mejk-ap)*. Heute verschönern sich viele Frauen überall in der Welt ihre Gesichtshaut durch ein Make-up.

Maria

Margarete, Margaret, Margret, Marga, Margot, Margit, Margarita, Marit, Margitta, Meta *(Perle – Ursprung römisch)*

Engl.: **Margaret** (margerit), **Margery** (mard~~sch~~eri), **Maggie** (mäggi), **Meggy** (mäggi)

Franz.: **Marguerite** (margerit)

Italienisch: **Margherita, Marghitta**

Dänisch: **Margarete**

Maria, Marie, Mariane, Marianne, Marieke, Mia, Mareike, Marion, Mariella, Marita, Marietta, Maritta, Marika, Maura, Mascha *(Name der biblischen Mutter von Jesus, Bedeutung unklar)*

Friesisch: **Meike, Malke**

Englisch: **Mary** (märi), **Molly**, **May** (mej), **Maureen** (mårien)

Franz.: **Marie** (marie)

Dänisch: **Marie**

Italienisch: **Maria**

Polnisch: **Mária**

Russisch: **Marija, Mascha**

die **Mar|ga|ri|ne**

die **Mar|ge|ri|te,** die Margeriten

Marianne (→ Maria, Anna)

Marina *(am Meer lebend – Ursprung römisch)*

die **Ma|ri|ne**

Mario, Marius *(aus der berühmten Familie der Marier – Ursprung römisch)*

die **Mark** (Geld), die Deutsche Mark (DM)

das **Mark** (in Knochen und Pflanzenstielen)

die **Mark** (Grenzland)

die **Mar|ke,** die Marken

mar|kie|ren, er markierte

der **Markt,** die Märkte

Markus, Marcus, Mark, Marko, Marco *(nach Mars, dem römischen Kriegsgott)*

Marleen, Marlen, Marlene (→ Maria, Lene)

Marlies, Marlis (→ Maria, Elisabeth, Luise)

die **Mar|me|la|de**

der **Marsch,** marschieren

Martha, Marta *(Herrin – Name aus der Bibel)*

Martin, Martina, Martine *(kämpferischer Mensch – Ursprung römisch)*

Marvin *(alter englischer Name: berühmter Freund)*

der **März**

Max

das **Mar|zi|pan**
Mascha *(russisch: → Maria)*
die **Ma|sche,** die Maschen
die **Ma|schi|ne,** die Maschinen, maschinell
die **Ma|sern**
die **Mas|ke,** die Masken, maskieren
das **Mas|kott|chen,** die Maskottchen
das **Maß,** die Maße
die **Mas|sa|ge,** die Massagen
die **Mas|se,** die Massen, massig
mas|sie|ren, er massierte
mä|ßig
mas|siv
die **Maß|nah|me,** die Maßnahmen
der **Maß|stab,** die Maßstäbe
der **Mast** (Schiff), die Masten
die **Mast** (Tiere), das Mästen
das **Ma|te|ri|al,** die Materialien
die **Ma|the|ma|tik**
die **Ma|trat|ze,** die Matratzen
der **Ma|tro|se,** die Matrosen
der **Matsch,** matschig
matt, ich bin matt
die **Mat|te,** die Matten
Matthias, Mattias, Mathis, Mathieu *(Geschenk Gottes – Ursprung hebräisch)*

die **Mau|er,** die Mauern, mauern
das **Maul,** die Mäuler
der **Maul|wurf,** die Maulwürfe
der **Mau|rer,** die Maurer
Maurice (→ Moritz)
die **Maus***, die Mäuse
Maximilian, Max, Maxi, Maximiliane *(aus der berühmten Familie Maximinus – Ursprung römisch)*
der **Me|cha|ni|ker,** die Mechaniker
Mechthild (→ Hilde)
me|ckern, sie meckerte
Meck|len|burg-Vor|pom|mern, die Mecklenburger, die Pommern, mecklenburgisch
die **Me|dail|le,** die Medaillen
das **Me|di|ka|ment,** die Medikamente
die **Me|di|zin,** die Mediziner, medizinisch
das **Meer,** die Meere
der **Meer|ret|tich,** die Meerrettiche
me|ga..., mega-out usw.
das **Mehl**
mehr, meh|re|re
die **Mehr|heit,** die Mehrheiten
mehr|mals
die **Mehr|zahl**
mei|den, sie mied

Merle

mein°
mei|nen, sie meinte, die Meinung
mei|net|we|gen
Meinhard, Meinhild, Meinhold, Meinolf, Meinrad, Meinulf *(In allen Namen mit Mein- steckt ein altes deutsches Wort für Kraft, Tüchtigkeit.)*
die **Mei|se,** die Meisen
meist, meistens
am **meis|ten**
der **Meis|ter,** die **Meisterin,** die Meister, meisterhaft, die Meisterschaft
Melanie *(dunkelfarbig – französischer Name griechischen Ursprungs)*
Melchior *(König des Lichts – Ursprung hebräisch)*
mel|den, er meldete, die Meldung
Melina *(Frau von der Insel Melos – Ursprung griechisch römisch)*
Melissa, Melitta *(Biene – griechischer Ursprung)*
mel|ken, sie molk (auch: sie melkte), gemolken, die Molkerei
die **Me|lo|die,** die Melodien, melodisch
die **Me|lo|ne,** die Melonen
die **Men|ge,** die Mengen
der **Mensch,** die Menschen, die Menschheit, menschlich
das **Me|nü,** die Menüs
mer|ken, er merkte, merkwürdig
das **Merk|mal,** die Merkmale
Merle *(Amsel – Ursprung englisch)*
die **Mes|se,** die Messen (1. katholische Feier, 2. Verkaufsausstellung, 3. Jahrmarkt)
mes|sen, er misst, er maß, miss!
das **Mes|ser,** die Messer
das **Me|tall,** die Metalle, metallisch
der **Me|te|or,** die Meteore, die Meteorologie
der/das **Me|ter,** drei Meter (3 m)
die **Me|tho|de,** die Methoden

Früher gab es in Europa viele Maßeinheiten. Vor 200 Jahren führten die Franzosen das Meter (mètre – *mätr*) ein.
Heute hat es die ganze Welt, z. B.: ***CZ und PL:*** metr; ***TR:*** metre; ***NL, DK und D:*** meter/Meter; ***I und E:*** metro; ***GR:*** (sprich:) *mätro*

Mirko

der **Metz|ger,** die Metzger
meu|tern, er meuterte, die Meuterei
Mia *(Kurzform von →* Maria*)*
mich, ich freue mich
Michael, Michail, Michel, Miguel, Mikael, Mischa *(Wer ist wie Gott? – Name aus der Bibel)*
Frauennamen:
Michaela, Michele, Michèle, Micheline, Michelle (→ Michael)
die **Mi|cky|maus**
der **Mief,** miefig
die **Mie|ne** (Gesichtsausdruck), die Mienen, aber: die → Mine
die **Mie|te,** die Mieten, mieten, die Mieter
Mike *(englische Form von* → Michael*)*
das **Mi|kro|fon/Mi|kro|phon,** die Mikrofone
das **Mi|kro|skop,** die Mikroskope
Mila, Milena (→ Ludmilla)
die **Milch**✿, milchig
mild, die Milde, mildern
das **Mi|li|tär,** militärisch
die **Mil|li|ar|de,** drei Milliarden (3 Md. oder 3 Mrd.)
das **Mil|li|gramm** (mg)
der/das **Mil|li|me|ter,** drei Millimeter (3 mm)
die **Mil|li|on,** drei Millionen (3 Mill. oder 3 Mio.)
der **Mil|li|o|när,** die Millionäre
min|der, die Minderheit
min|des|tens
die **Mi|ne,** die Minen (1. Bleistiftmine, 2. Bergwerk, 3. Sprengkörper), aber: die → Miene
das **Mi|ne|ral,** die Mineralien
das **Mi|ni|golf**
mi|ni|mal, das Minimum
der **Mi|nis|ter,** die **Ministe-rin,** die Minister
mi|nus (weniger)
das **Mi|nus** (Fehlbetrag)
die **Mi|nu|te,** die Minuten
mir✿ gefällt das
Mirabella, Mira, Mirella, *(die Wunderbare – italienische Namen)*
Mirco, Mirko *(alter slawischer Name: Friede + Ruhm)*
Mireille (mirej) *(französische Form von* → Mirabella*)*
Miriam *(die Ungezähmte – Ursprung hebräisch)*
Mischa *(russische Kurzform von* → Michael*)*
mi|schen, sie mischte, die Mischung, der Mischling

miss|ach|ten, die Missachtung

Mona

der **Miss|er|folg,** die Misserfolge

er **misst** (Grundform: messen), aber: der → Mist

miss|trau|en, das Misstrauen

miss|ver|ste|hen, das Missverständnis

der **Mist,** aber: sie → misst

mit

der **Mit|ar|bei|ter,** die **Mitarbeiterin**

mit|ein|an|der

das **Mit|glied,** die Mitglieder

das **Mit|leid,** mitleidig

der **Mit|tag,** die Mittage (Hast du Probleme? → Kasten Abend)

die **Mit|te,** die Mitten, mitten im Zimmer

mit|tei|len, die Mitteilung

das **Mit|tel,** die Mittel

mitt|ler|wei|le

der **Mitt|woch***, die Mittwoche (Hast du Probleme? → Kasten Dienstag)

mi|xen, er mixte, der Mixer

die **Mö|bel,** möblieren

sie **moch|te** (→ mögen)

die **Mo|de,** die Moden, modisch

das **Mo|dell,** die Modelle

der **Mo|der,** modern (erste Silbe betont: verfaulen)

mo|dern (zweite Silbe betont)

das **Mo|fa,** die Mofas

mo|geln, sie mogelte

mö|gen, sie mag, sie mochte, sie möchte

die **Mög|lich|keit,** die Möglichkeiten, möglich

mög|lichst

der **Mohn**

die **Möh|re,** die Möhren

der **Molch,** die Molche

die **Mol|ke|rei,** die Molkereien

mol|lig

der **Mo|ment,** die Momente

Mona *(die Edle – englischer Name)*

der **Mo|nat,** die Monate, monatlich

der **Mönch,** die Mönche

der **Mond***, die Monde

die **Mo|ne|ten**

Mond und Sonne (Gedicht aus England)

The moon on the one hand, the sun on the other. ✷
The moon is my sister, the sun is my brother. ✷
The moon on my left, the sun on my right. ✷
My brother Good morning, my sister Good night.

A B C D E F G H I J K L **M** N O P Q R S T U V W X Y Z

Monika, Monica, Moni, Monique *(Einsiedlerin – Herkunft griechisch/römisch)*
der **Mo|no|log,** die Monologe
das **Mo|no|pol,** die Monopole
das **Mons|ter,** die Monster
der **Mon|tag***, die Montage
(Hast du Probleme? → Kasten Dienstag)
das **Moor,** die Moore
das **Moos,** die Moose
das **Mo|ped,** die Mopeds
der **Mops,** die Möpse
die **Mo|ral,** moralisch
der **Mo|rast**
der **Mord,** die Morde, morden, der Mörder
mor|gen früh
der **Mor|gen***, die Morgen
(Hast du Probleme? → Kasten Abend)
der **Mor|gen** Land, die Morgen
Moritz, Morris *(der Schwarze aus Mauretanien – Ursprung römisch)*
morsch
der **Mör|tel**

Moritz

Morten *(dänisch: →* Martin*)*
das **Mo|sa|ik**
die **Mo|schee,** die Moscheen
der **Mos|ki|to,** die Moskitos
der **Most,** die Moste
der **Mos|trich**
das **Mo|tel,** die Motels
das **Mo|tiv,** die Motive
der **Mo|tor,** die Motoren
das **Mo|tor|rad,** die Motorräder
die **Mot|te,** die Motten
das **Mot|to,** die Mottos
das **Moun|tain|bike** (englisch, sprich: *mauntenbaik*)
die **Mö|we,** die Möwen
die **Mü|cke,** die Mücken
mucks|mäus|chen|still
mü|de, die Müdigkeit
die **Mü|he,** die Mühen
sich **mü|hen,** sie mühte sich, mühsam
die **Müh|le,** in Mühlen wird Mehl gemahlen
die **Mul|de,** die Mulden
der **Müll,** der Mülleimer
der **Mül|ler,** die Müller
die **Mul|ti|pli|ka|ti|on**
der **Mumps**

„Guten Morgen!“ in Europa

TR: Merhaba!; ***I***: Buongiorno! *(buon d~~sch~~ornoh)*; ***DK***: God morgen! *(go' mån)*; ***GB***: Good morning! *(gud morning)*; ***F***: Bonjour! *(b~~on~~ ~~sch~~uhr)*; ***NL***: Goede morgen! *(guhde morchen)*; ***SKr***: Dobar dan!; ***E***: ¡Buenos días!

Muriel

der **Mund,** die Münder

mün|den, er mündete, die Mündung

die **Mund|har|mo|ni|ka,** die Mundharmonikas

münd|lich

die **Mu|ni|ti|on**

mun|ter, die Munterkeit

die **Mün|ze,** die Münzen

mür|be

Muriel *(glänzende See – irischer Name)*

die **Mur|mel,** die Murmeln

mur|meln, sie murmelte

mur|ren, er murrte

das **Mus**

die **Mu|schel,** die Muscheln

das **Mu|se|um,** die Museen

die **Mu|sik,** musizieren, musikalisch

der **Mus|kel,** die Muskeln

die **Mu|ße,** müßig

müs|sen, er musste

das **Mus|ter,** die Muster, mustern

der **Mut,** mutig

die **Mut|ter***, die Mütter, mütterlich

die **Mut|ter** (für Schrauben), die Muttern

mut|wil|lig

die **Müt|ze,** die Mützen

die **Na|be,** die Naben

der **Na|bel,** die Nabel

nach dem Essen

nach|ah|men, er ahmte nach

der **Nach|bar,** die Nachbarn, die Nachbarschaft

je **nach|dem**

nach|ein|an|der

die **Nach|er|zäh|lung,** die Nacherzählungen

nach|ge|ben, nachgiebig

nach Hau|se gehen

nach|läs|sig, die Nachlässigkeit

der **Nach|mit|tag,** die Nachmittage (Hast du Probleme? → Kasten Abend)

die **Nach|richt,** die Nachrichten

nach|se|hen, die Nachsicht

nach|sit|zen

der **näch|ste** Tag

> **nächst**
>
> **klein:**
> am nächsten ist ...
> Anfang nächster Woche
> nächstes Mal → mal
> **groß:**
> der Nächste, bitte!
> als Nächstes gibt es ...
> Liebe deinen Nächsten!
> **zusammen:**
> der nächstgelegene Ort
> das nächstbeste Hotel

Nadine

die **Nächs|ten-lie|be**
die **Nacht**✿, die Nächte, über Nacht, der Nachtdienst *(Hast du Probleme? → Kasten Abend)*
der **Nach|teil,** die Nachteile, nachteilig
die **Nach|ti|gall,** die Nachtigallen
der **Nach|tisch** (beim Essen)
nach|träg|lich
der **Nacht|tisch** (am Bett), die Nachttische
die **Nach|zah|lung**
der **Na|cken,** die Nacken
nackt, nackend
die **Na|del,** die Nadeln
Nadine, Nadja, Nadeschda *(Hoffnung – Ursprung russisch)*
der **Na|gel,** die Nägel, nageln
na|gen, er nagte, das Nagetier
nah, na|he, näher, die Nähe, sich nähern
nä|hen, er nähte
näh|ren, ernähren
die **Nah|rung,** nahrhaft
das **Nah|rungs|mit|tel,** die Nahrungsmittel
die **Naht,** die Nähte
na|iv, die Naivität
der **Na|me**✿, die Namen
näm|lich
Nana, Nanna *(Name einer nordischen Göttin oder: Form von →* Anna*)*
Nancy *(englische Koseform zu →* Anna*)*
Nanette (→ Annette)
der **Napf,** die Näpfe
die **Nar|be,** die Narben
die **Nar|ko|se,** die Narkosen
der **Narr,** die Narren, närrisch
die **Nar|zis|se,** die Narzissen
na|schen, er naschte
die **Na|se,** die Nasen, das Nasenbluten, naseweis
das **Nas|horn,** die Nashörner
nass, die Nässe, nasskalt
das **Nas|tuch,** die Nastücher
Natalie, Nathalie, Natascha *(zu Weihnachten geboren – Ursprung römisch)*

Die Germanen rechneten nach Nächten, nicht nach Tagen.
Noch heute sagen die Engländer nicht „vierzehn Tage“, sondern „14 Nächte“: fourteen nights, kurz: fortnight *(fortnait)*.
Die Franzosen sagen: quinze jours *(k~~in~~s ~~seh~~uhr)* = 15 Tage.

A B C D E F G H I J K L M **N** O P Q R S T U V W X Y Z

Nick

die **Na|ti|on,** die Nationen, national
die **Na|tur,** natürlich
n. Chr. (= nach Christus)
der **Ne|bel,** die Nebel, neblig oder: nebelig
ne|ben, die Nebensache
ne|ben|ein|an|der
ne|cken, sie neckte
der **Nef|fe,** die Neffen
ne|ga|tiv, das Negativ
neh|men, sie nimmt, er nahm, hat genommen, nimm!
der **Neid,** neidisch, neidlos
nei|gen, sie neigte, die Neigung
nein / Nein✿ sagen, mit Nein antworten
die **Nek|ta|ri|ne,** die Nektarinen
die **Nel|ke,** die Nelken
Nelli, Nelly (→ Ellen, Helene, Eleonore)
nen|nen, er nannte
das **Ne|on|licht**
der **Nerv,** die Nerven
ner|vös, die Nervosität
die **Nes|sel,** die Nesseln
das **Nest,** die Nester
nett
net|to, der Nettolohn
das **Netz,** die Netze

neu✿, das Neujahr✿

> neu
>
> **klein:**
> das neue Jahr
> seit neuestem
> von neuem
>
> **groß:**
> immer aufs Neue
> das Neue Testament
> Das Neue verdrängt das Alte.
> Ich weiß etwas Neues.
> Was gibt es Neues?
> Das ist doch nichts Neues!

die **Neu|gier** oder: die Neugierde, neugierig
neu|lich
neun✿, neunzehn, neunzig
(Hast du Probleme? → Kasten acht)
nicht✿
die **Nich|te,** die Nichten
nichts, gar nichts
Nick, Niclas, Nico, Nicole, Nicolette (→ Nikolaus)
ni|cken, sie nickte
nie wieder!
nie|der, auf und nieder, die Niederung, die Niederlage
die **Nie|der|lan|de,** die Niederländer, niederländisch
Nie|der|sach|sen, die Niedersachsen, niedersächsisch

der **Nie|der|schlag,** die Nieder-schläge
nied|lich
nied|rig
nie|mals
nie|mand
die **Nie|re,** die Nieren
nie|seln, es nieselte
nie|sen, er nieste
die **Nie|te,** die Nieten (1. Los ohne Gewinn, 2. Metallstift)
Nikolaus, Niko, Nico, Niklaus, Niklas *(alter griechischer Name: Sieg + Volk)*
Englisch: **Nick, Nicolas, Nicholas** *(nickeleß)*
Französ.: **Nicolas** *(nicola)*
Italien.: **Nicóla, Nicoló**
Spanisch: **Nicolás**
Polnisch: **Mikołaj** *(míkouai)*
Frauennamen:
Französisch: **Nicole**
Italienisch: **Nicoletta, Nicolette**
das **Ni|ko|tin**
das **Nil|pferd,** die Nilpferde
Nils, Niels *(niederdeutsche und skandinavische Form von* → Nikolaus*)*
Nina *(Kurzform von Namen mit -nina)*

nir|gends, nirgendwo
die **Ni|sche,** die Nischen
nis|ten, er nistete
das **Ni|veau** (sprich: *niwoh*), die Niveaus
die **Ni|xe,** die Nixen
Noah *(Noah baute die biblische Arche.)*
noch, noch einmal, nochmal, nochmals
der **No|ma|de,** die Nomaden
das **No|men,** die Nomen
der **No|mi|na|tiv** (1. Fall)
die **Non|ne,** die Nonnen
Nora, Norina (→ Eleonore)
Norbert *(im Norden berühmt – alter deutscher Name)*
der **Nor|den,** der Nordpol
Nord|rhein-West|fa|len, die Nordrhein-Westfalen, nordrhein-westfälisch
die **Nord|see**
nör|geln, er nörgelte
die **Norm,** die Normen, normal
Norma *(göttliches Gebot – englischer Name römischer Herkunft)*
Nor|we|gen, die Norweger, norwegisch
die **Not,** die Nöte
die **No|te,** die Noten (1. in der Musik, 2. Zensur, 3. Banknote)

Odette

nö|tig
die **No|tiz,** die Notizen, notieren
not|wen|dig, die Notwendigkeit
der **No|vem|ber**✿
im **Nu**
nüch|tern
die **Nu|del,** die Nudeln
null Fehler, die Null

> null
> **klein:**
> null Fehler
> null Grad
> fünf Grad über null
> zwei zu null
>
> **groß:**
> eine Zahl mit drei Nullen
> Er ist eine Null.

die **Num|mer,** die Nummern
num|me|rie|ren, sie nummerierte
nun
nur
die **Nuss,** die Nüsse
der **Nut|zen,** wir nutzen es
nüt|zen, es nützte, nützlich
das **Ny|lon**

ob, obgleich
o|ben
der **O|ber,** die Ober
die **O|ber|flä|che,** die Oberflächen, oberflächlich
o|ber|halb
das **O|ber|haupt**
das **Ob|jekt,** die Objekte
die **Ob|la|te,** die Oblaten
das **Obst**
ob|wohl
der **Och|se,** die Ochsen
Octavia, Oktavia *(aus der berühmten Familie der Octavier – Ursprung römisch)*
Oda, Odette, Odile, Odilie, Odo *(alte deutsche Namen: Reichtum + Friede)*
ö|de
o|der
der **O|fen,** die Öfen
of|fen
of|fen|sicht|lich
öf|fent|lich
of|fi|zi|ell
der **Of|fi|zier,** die Offiziere
öff|nen, er öffnete, die Öffnung
oft

> Wenn in Holland ein Los „niet" gewinnt, ist es eine niet, in *D*: Niete, in *DK*: nitte, in *I*: biglietto non vincente *(biljetto non wintschente)* = Billet, das nicht gewinnt, und in *F*: mauvais numéro *(mowä nümehro)* = schlechte Nummer.

Oliver

oh|ne
die **Ohn|macht,** ohnmächtig
das **Ohr**✿, die Ohren
die **Ohr|fei|ge,** die Ohrfeigen
o|kay (kurz: o. k.)
die **Ö|ko|lo|gie**
der **Ok|to|ber**✿
das **Öl,** die Öle, ölen, ölig
Olaf, Olof, Oluf *(alter norwegischer Königsname)*
Ole (→ Ulrich)
Olga *(russische Form von* → Helga*)*
die **O|li|ve,** die Oliven
Oliver, Olivier, Olivia, Olli *(Olivenbaum – berühmter französischer Rittername)*
Olympia *(Frau vom Berg Olymp in Griechenland)*
die **O|lym|pi|a|de,** die Olympiaden, die Olympischen Spiele
die **O|ma**✿, die Omas
der **Om|ni|bus,** die Omnibusse
der **On|kel**✿, die Onkel oder: die Onkels
der **O|pa**✿, die Opas
die **O|per,** die Opern
die **O|pe|ra|ti|on,** die Operationen, operieren
das **Op|fer,** die Opfer, opfern
die **Op|tik,** der Optiker
der **Op|ti|mis|mus,** die Optimisten, optimistisch
o|ran|ge (Farbe)
die **O|ran|ge,** die Orangen
das **Or|ches|ter,** die Orchester
or|dent|lich, die Ordnung
ord|nen, sie ordnete
das **Or|gan,** die Organe
die **Or|ga|ni|sa|ti|on,** die Organisationen
or|ga|ni|sie|ren
die **Or|gel,** die Orgeln
sich **o|ri|en|tie|ren,** sie orientierte sich, die Orientierung
das **O|ri|gi|nal,** die Originale
der **Or|kan,** die Orkane
der **Ort,** die Orte, die Ortschaft, örtlich
Orthild, Ortlieb, Ortrud, Ortrun, Ortwin *(Ort hieß bei den Germanen die Spitze ihrer Waffen.)*
Oskar, Oscar *(alter deutsch-keltischer Name: Gott + Speer)*
der **Os|ten,** östlich
Os|tern, österlich
Ös|ter|reich, die Österreicher, österreichisch
die **Ost|see**
Otto *(Darin steckt ein germanisches Wort für Reichtum.)*
o|val
der **O|ze|an**

Pamela

ein **paar** Tage lang
das **Paar** Schuhe, zwei Paare, ein Pärchen
die **Pacht,** die Pachten, der Pächter, pachten
das **Päck|chen,** die Päckchen
pa|cken, sie packte, der Packen, die Packung
die **Pä|da|go|gik,** die Pädagogin, der Pädagoge
das **Pad|del,** die Paddel, paddeln
paf|fen, er paffte
das **Pa|ket,** die Pakete
der **Pakt,** die Pakte
der **Pa|last,** die Paläste
das **Pa|la|ver,** die Palaver, palavern
die **Pa|let|te,** die Paletten
die **Pa|li|sa|de,** die Palisaden
die **Pal|me,** die Palmen
Pamela *(die Dunkle – englischer Name griechischer Herkunft)*
die **Pam|pel|mu|se,** die Pampelmusen
die **Pa|nik,** panisch
die **Pan|ne,** die Pannen
der **Pan|ter/Pan|ther,** die Panter
der **Pan|tof|fel,** die Pantoffeln
die **Pan|to|mi|me,** die Pantomimen
der **Pan|zer,** die Panzer
der **Pa|pa**✿, die Papas
der **Pa|pa|gei,** die Papageien
das **Pa|pier,** die Papiere
die **Pap|pe,** die Pappen
die **Pap|pel,** die Pappeln
die **Pap|ri|ka**
der **Papst,** die Päpste
das **Pa|ra|dies,** die Paradiese
pa|ra|dox
der **Pa|ra|graf/Pa|ra|graph,** die Paragrafen
pa|ral|lel, die Parallele
der **Pa|ra|sit,** die Parasiten
pa|rat
das **Par|füm,** die Parfüms
pa|rie|ren, er parierte
der **Park,** die Parks oder: die Parke
par|ken, sie parkte
der **Park|platz,** die Parkplätze
das **Par|la|ment,** die Parlamente

Parler *(parlee)* heißt *sprechen* auf Französisch. Zuerst gab es in England ein Parliament *(pahlement)*, in dem Volksvertreter miteinander sprachen. Später hatten die Franzosen ein parlement *(parlem~~an~~)*, danach endlich auch wir Parlamente.

Paul

A B C D E F G H I J K L M N O **P** Q R S T U V W X Y Z

die **Pa|ro|le,** die Parolen
die **Par|tei,** die Parteien, parteiisch
das **Par|ter|re**
der **Part|ner,** die **Partnerin,** die Partner
die **Par|ty,** die Partys
Pascal, Pascale *(österlicher Mensch – französischer Name)*
der **Pass,** die Pässe (1. Personalausweis, 2. Bergübergang)
der **Pas|sa|gier,** die Passagiere
pas|sen, es passte
pas|sie|ren, es passierte
pas|siv
der **Pas|tor,** die Pastoren
der **Pa|te,** die Paten
das **Pa|tent,** die Patente
der **Pa|ti|ent,** die Patienten
Patrizia, Patricia, Pat, Patrice, Patsy, Patty, Patrick, Patrik *(von altem Adel – englischer Name, Ursprung römisch)*

die **Pa|tro|ne,** die Patronen
die **Pau|ke,** die Pauken, pauken
Paul *(kleiner Mensch – Ursprung römisch)*
Französisch: **Paul** *(poll)*
Englisch: **Paul** *(påhl)*
Italienisch: **Paolo**
Spanisch: **Pablo**
Niederländ.: **Paulus**
Dänisch: **Poul**
Polnisch: **Paweł** *(paweou)*
Frauennamen: **Paula, Pauline**
Französ.: **Paulette** *(polett)*
die **Pau|se,** die Pausen
pau|sen, er pauste, das Pauspapier
der **Pa|vi|an,** die Paviane
der **PC** (Personalcomputer)
das **Pech,** der Pechvogel
das **Pe|dal,** die Pedale
der **Pe|gel**
Peggy *(eine englische Form von →* Margarete*)*
die **Pein,** peinigen, der Peiniger, peinlich
die **Peit|sche,** die Peitschen
die **Pel|le,** die Pellen, pellen
Pelle *(schwedisch: →* Peter*)*

> Bei uns hieß das Wort Geißel. Für Polen war und ist es bicz *(bitsch)*, für Tschechen, die deutschen Sorben und andere: bič *(bitsch)*. In Ostdeutschland übernahm man das Wort und sagte pitsche. Heute heißt es in ganz Deutschland: Peitsche.

Penny

der **Pelz,** die Pelze
das **Pen|del,** die Pendel, pendeln, die Pendler
der **Pe|nis,** die Penisse
Penny
(englische Kurzform des berühmten griechischen Namens Penelope)
die **Pen|si|on,** die Pensionen
per|fekt
das **Per|fekt**
die **Pe|ri|o|de,** die Perioden
die **Per|le,** die Perlen
das **Per|lon**
Perry *(der Fremde – Ursprung römisch)*
die **Per|son,** die Personen, die Persönlichkeit, persönlich
das **Per|so|nal**
die **Pe|rü|cke,** die Perücken
der **Pes|si|mis|mus,** der Pessimist, pessimistisch
Peter, Pete, Pit, Pitt, Piet
(Fels – Ursprung griechisch)
Englisch: **Peter** *(pieta)*
Französisch: **Pierre** *(piähr)*
Dänisch: **Peer, Peder**
Spanisch: **Pedro**
Italienisch: **Pietro** *(piätro)*, **Piero** *(piäro)*
Polnisch: **Piotr**
Niederländ.: **Piet, Pieter**
Frauenname: **Petra**

die **Pe|ter|si|lie**
das **Pe|tro|le|um**
pet|zen, sie petzte
der **Pfad,** die Pfade
der **Pfahl,** die Pfähle
die **Pfalz,** die Pfälzer, pfälzisch
das **Pfand,** die Pfänder, pfänden
die **Pfan|ne,** die Pfannen
der **Pfar|rer,** die Pfarrer
der **Pfau,** die Pfauen
pfau|chen, er pfauchte
der **Pfef|fer,** pfeffern
die **Pfef|fer|min|ze**
die **Pfei|fe,** die Pfeifen
der **Pfeil,** die Pfeile
der **Pfei|ler,** die Pfeiler
der **Pfen|nig,** die Pfennige
das **Pferd,** die Pferde
der **Pfiff,** die Pfiffe
der **Pfif|fer|ling,** die Pfifferlinge
pfif|fig
Pfings|ten
der **Pfir|sich,** die Pfirsiche
die **Pflan|ze,** die Pflanzen, pflanzen
das **Pflas|ter,** die Pflaster (1. Wundpflaster, 2. Steinpflaster)
die **Pflau|me,** die Pflaumen
pfle|gen, sie pflegte, die Pflege
die **Pflicht,** die Pflichten
pflü|cken, er pflückte

der **Pflug,** die Pflüge, pflügen
die **Pfor|te,** die Pforten, der Pförtner
der **Pfos|ten,** die Pfosten
die **Pfo|te,** die Pfoten
der **Pfrop|fen,** die Pfropfen
pfui
das **Pfund,** die Pfunde (Pfd.)
pfu|schen, er pfuschte
die **Pfüt|ze,** die Pfützen
die **Phan|ta|sie,** phantastisch
das **Phan|tom,** die Phantome
Philipp, Philippe, Philip, Phil, Felipe *(Pferdefreund – Ursprung griechisch)*
Frauennamen: **Philippine, Philippa**
das **Pho|to,** photografieren
die **Phy|sik,** physikalisch
Pia *(die Fromme – Ursprung römisch)*
der **Pi|ckel,** die Pickel
pi|cken, es pickte
das **Pick|nick**
pie|pen, es piepte
piep|sen, es piepste
pi|kant
der **Pil|ger,** die Pilger
die **Pil|le,** die Pillen
der **Pi|lot,** die **Pilotin,** die Piloten
der **Pilz,** die Pilze
der **Pin|gu|in,** die Pinguine
pink, pinkfarben
die **Pinn|wand**
der **Pin|sel,** die Pinsel, pinseln
die **Pin|zet|te,** die Pinzetten
der **Pi|rat,** die Piraten
pir|schen, er pirschte, die Pirsch
die **Pis|te,** die Pisten
die **Pis|to|le,** die Pistolen
die **Piz|za,** die Pizzen oder: die Pizzas
die **Pla|ge,** die Plagen, sich plagen
das **Pla|kat,** die Plakate
die **Pla|ket|te,** die Plaketten
der **Plan,** die Pläne
die **Pla|ne,** die Planen
pla|nen, er plante
der **Pla|net,** die Planeten
plan|schen/plant|schen, er planschte / plantschte
plap|pern, er plapperte
plär|ren, es plärrte
der **Plast** oder: die Plaste
die/das **Plas|tik**
plät|schern, sie plätscherte
platt
das **Platt,** er spricht Platt
die **Plat|te,** die Platten
der **Plat|te,** er hat einen Platten

plät|ten, er plättete
der **Platz,** die Plätze
das **Plätz|chen,** die Plätzchen
plat|zen, es platzte
plau|dern, sie plauderte, die Plauderei
das **Play-back / Play|back**
die **Plei|te,** die Pleiten, er ist pleite, er macht Pleite
die **Plom|be,** die Plomben (1. Versiegelung, 2. Zahnfüllung)
plom|bie|ren, er plombierte
plötz|lich
plump
plump|sen, es plumpste
der **Plun|der**
plün|dern, er plünderte, die Plünderung
der **Plu|ral**
plus
po|chen, sie pochte
die **Po|cke,** die Pocken
das **Po|di|um,** die Podien
die **Po|e|sie,** das Poesiealbum
der **Po|kal,** die Pokale
der **Pol,** die Pole
Po|len, die Polen, polnisch
po|lie|ren, er polierte
die **Po|li|tik,** die Politiker, politisch
die **Po|li|zei,** der Polizist, die Polizistin
der **Pol|len,** die Pollen
das **Pols|ter,** die Polster, polstern
pol|tern, er polterte
Pom|mern, die Pommern, pommerisch (auch: pommersch)
die **Pom|mes** (Pommes frites, sprich: *pomm friet*)
das **Po|ny,** die Ponys (1. Pferdchen, 2. Pferdchenfrisur)
der **Pop,** die Popmusik
der **Po|po,** die Popos
po|pu|lär, die Popularität
die **Po|re,** die Poren
das **Port|mo|nee / Porte|mon|naie,** die Portmonees
der **Por|tier** (sprich: *portjee*), die Portiers
die **Por|ti|on,** die Portionen

Französisch heißt porte: *trage!* Und monnaie heißt *Kleingeld.* Das Ding, in dem man sein Geld mit sich trägt, heißt Portemonnaie *(portmonnä).* – Porte ist aber auch der französische Name für *Tür* und *Tor.* Darum heißt der Türwächter Portier *(portjee).*

Primo

das **Por|to,** die Porti
das **Por|trät** (auch: das Portrait), die Porträts
Por|tu|gal, die Portugiesen, portugiesisch
das **Por|zel|lan**
po|si|tiv
die **Post**✿, die Postboten
der **Pos|ten,** die Posten
das **Pos|ter,** die Poster
die **Pracht,** prächtig
das **Prä|di|kat,** die Prädikate
prä|gen, er prägte
prah|len, er prahlte
prak|tisch
die **Pra|li|ne,** die Pralinen
prall
die **Prä|mie,** die Prämien
die **Pran|ke,** die Pranken
das **Prä|sens**
der **Prä|si|dent,** die **Präsi-dentin,** die Präsidenten
pras|seln, es prasselte
die **Pra|xis,** die Praxen
prä|zis oder: präzise
pre|di|gen, er predigte, die Predigt
der **Preis**✿, die Preise
die **Prei|sel|bee|re,** die Preiselbeeren
prei|sen, er pries
die **Prel|lung,** prellen
die **Pres|se** (Zeitungswesen)
pres|sen, sie presste, die Presse
der **Pries|ter,** die Priester
pri|ma
die **Pri|mel,** die Primeln
Primo *(italienisch: der Erste)*
der **Prinz,** die **Prinzessin**
Prisca *(von alter Art – Ursprung römisch)*
pri|vat
die **Pro|be,** die Proben
pro|bie|ren, sie probierte
das **Pro|blem,** die Probleme
pro|du|zie|ren, sie produzierte, das Produkt
der **Pro|fes|sor,** die **Profes-sorin**, die Professoren
das **Pro|gramm,** die Programme
prompt
das **Pro|no|men,** die Pronomen
der **Pro|pel|ler,** die Propeller
der **Pro|phet,** die Propheten

Die erste Post in Europa war einst eine Pferdepost in Italien und hieß posta. Heute ist Post international.
GB, NL, DK: post; ***F***: poste; ***TR, I***: posta; ***PL***: poczta; ***CZ***: pošta
Aber Spanisch: correos, und Griechisch sagt man: *tachidromío*.

Prisca

der **Pro|spekt,** die Prospekte
der **Pro|test,** die Proteste, protestieren
die **Pro|the|se,** die Prothesen
das **Pro|to|koll,** die Protokolle
das **Pro|zent,** die Prozente
der **Pro|zess,** die Prozesse
prü|fen, sie prüfte, die Prüfung
prü|geln, er prügelte, die Prügel, die Prügelei
die **Pu|ber|tät**
der **Pud|ding,** die Puddinge oder: die Puddings
der **Pu|del,** die Pudel
der **Puf|fer,** die Puffer
der **Pul|lo|ver,** die Pullover
der **Puls,** die Pulse
das **Pult,** die Pulte
das **Pul|ver,** die Pulver
die **Pum|pe,** die Pumpen, pumpen
der **Punkt,** die Punkte
pünkt|lich
die **Pu|pil|le,** die Pupillen
die **Pup|pe**✿, die Puppen
pur|zeln, sie purzelte
pus|ten, er pustete
put|zen, er putzte, der Putz
der **Py|ja|ma,** die Pyjamas
die **Py|ra|mi|de,** die Pyramiden

das **Qua|drat,** die Quadrate, quadratisch
qua|ken, sie quakte
die **Qual,** die Qualen
quä|len, er quälte
die **Qua|li|tät,** die Qualitäten
die **Qual|le,** die Quallen
der **Qualm,** qualmen
der **Quark**
das **Quar|tett,** die Quartette
das **Quar|tier,** die Quartiere
der **Quarz,** die Quarze
quas|seln, sie quasselte
die **Quas|te,** die Quasten
der **Quatsch**
quat|schen, sie quatschte
das **Queck|sil|ber**
die **Quel|le,** die Quellen
quel|len, es quoll, ist gequollen
quer, der Querschnitt, querbeet, querfeldein
quet|schen, er quetschte, die Quetschung
quie|ken, es quiekte
quiet|schen, es quietschte
der **Quirl,** die Quirle, quirlen
die **Quit|tung,** die Quittungen, quittieren, wir sind quitt
das **Quiz**
die **Quo|te,** die Quoten

Rainer

der **Ra|batt,** die Rabatte
der **Ra|bau|ke,** die Rabauken
der **Ra|be,** die Raben
Rabea *(Frühling – Ursprung arabisch)*
die **Ra|che,** rächen, der Rächer
der **Ra|chen,** die Rachen
das **Rad,** die Räder, der Radfahrer, er fährt Rad
der/das **Ra|dar,** die Radarfalle
ra|die|ren, sie radierte, der Radiergummi
das **Ra|dies|chen,** die Radieschen
ra|di|kal
das **Ra|dio,** die Radios
Raffael (→ Raphael)
raf|fi|niert
ra|gen, es ragte
das **Ra|gout,** die Ragouts
Rahel, Rachel *(Schäfchen – Name aus der Bibel)*
der **Rahm**
der **Rah|men,** die Rahmen
Raimar (→ Reimar)
Raimund, Raymund, Reimund *(alter deutscher Name: Rat + Schutz)*
Rainer, Reiner *(alter deutscher Name: Rat + Heer)*

sich **rä|keln,** sie räkelte sich
die **Ra|ke|te,** die Raketen
Ralf, Ralph *(englische Form eines alten deutschen Namens: Ratgeber + Wolf)*
die **Ral|lye** (englisch; sprich: *rällie*), die Rallyes
ram|men, er rammte
Ramón, Ramona (→ Raimund)
die **Ram|pe,** die Rampen
der **Rand,** die Ränder
ran|da|lie|ren, er randalierte, die Randale
der **Rang,** die Ränge
ran|geln, die Rangelei
die **Ran|ke,** die Ranken
der **Ran|zen,** die Ranzen
ran|zig
Raoul *(französische Form von* → Ralf*)*
Raphael, Raffael, Rafael, Raphaela *(Gott heilt – Name aus der Bibel)*
der **Rap|pe,** die Rappen
der **Raps**
rar
rasch
ra|scheln, es raschelte
ra|sen, er raste
der **Ra|sen,** die Rasen
ra|sie|ren, er rasierte
die **Ras|pel,** die Raspeln, raspeln

Rebecca

die **Ras|se,** die Rassen

die **Ras|sel,** die Rasseln, rasseln

die **Rast,** die Rasten, rasten

die **Rast|stät|te,** die Raststätten

der **Rat,** die Ratschläge, raten

die **Ra|te,** die Raten

ra|ten, er rät, er riet

die **Ra|ti|on,** die Rationen

das **Rät|sel,** die Rätsel

die **Rat|te,** die Ratten

rat|tern, es ratterte

rau, der Raureif

der **Raub,** rauben, der Räuber, das Raubtier

der **Rauch,** rauchen, die Raucher

räu|chern, er räucherte

rau|fen, er raufte

der **Raum,** die Räume, räumen, das Raumschiff

die **Rau|pe,** die Raupen

rau|schen, es rauschte

sich **räus|pern,** er räusperte sich

die **Raz|zia,** die Razzien

re|a|gie|ren, sie reagierte

die **Re|al|schu|le,** die Realschulen

die **Re|be,** die Reben

Rebecca, Rebekka
(die Interessante – Name aus der Bibel)

der **Re|chen,** die Rechen

rech|nen, sie rechnete, das Rechnen, die Rechnung

recht

> **recht/Recht**
>
> **klein:**
> jetzt erst recht
> Das ist mir recht.
> Ihm kann man nichts recht machen.
> Das ist nur recht und billig.
> Das geschieht dir recht.
>
> **groß:**
> Ich habe Recht.
> Sie behält Recht.
> Er bekommt Recht.

rechts und links

der **Rechts|an|walt,** die **Rechtsanwältin,** die Rechtsanwälte

die **Recht|schrei|bung**

recht|zei|tig

> **„Lautmalerei“ bei rascheln:** Viele Geräusche heißen so, wie sie klingen. (Flüstere jedes Wort mehrmals!) *GB:* rustle (*raßl*); *DK:* rasle (*räßle*); *NL:* ritselen; *PL:* szeleścić (*scheleschtschitsch*); *TR:* hısırdamak; *E:* susurrar; *CZ:* zachrastit (*sachrastjit*)

Regina

das **Reck,** die Recks

re|cken, sie reckte

re|den, sie redete, die Rede, der Redner

red|lich

re|for|mie|ren, sie reformierte, die Reform, die Reformation

das **Re|gal,** die Regale

re|ge

die **Re|gel,** die Regeln

re|gel|mä|ßig

re|geln, er regelte, die Regelung

re|gel|recht

sich **re|gen,** sie regte sich, die Regung

der **Re|gen,** regnen

re|gie|ren, er regierte, die Regierung

Regina *(Königin – Ursprung römisch)*

reg|nen, es regnete, der Regen

das **Reh,** die Rehe

rei|ben, sie rieb, die Reibe, die Reibung

reich, der Reichtum

das **Reich,** die Reiche

der **Rei|che,** die Reichen

rei|chen, es reichte

reich|hal|tig, reichlich

reif, reifen, die Reife

der **Reif** (Ring), die Reife

der **Reif** (Raureif)

der **Rei|fen,** die Reifen

die **Rei|he,** die Reihen

der **Reim,** die Reime, reimen

Reimar, Raimar, Reimer *(alter deutscher Name: Rat + berühmt)*

rein, die Reinheit

Reinhard, Reinhart *(alter deutscher Name: Rat + hart)*

Reinhild *(alter deutscher Name: Rat + Kampf)*

rei|ni|gen, die Reinigung

Reinold, Reinhold *(alter deutscher Name: Rat + herrschen)*

das **Reis,** die Reiser

rei|sen, er reiste ab, die Reise

das **Rei|sig**

rei|ßen, sie riss, hat gerissen, der Riss

rei|ten, er ritt, der Ritt

rei|zen, sie reizte, der Reiz, reizend

die **Re|kla|me**

der **Re|kord,** die Rekorde

der **Rek|tor,** die Rektoren

re|la|tiv

die **Re|li|gi|on,** die Religionen, religiös

die **Re|li|quie,** die Reliquien

René

rem|peln, er rempelte

Renate, Rena, René, Renée *(wiedergeborener Mensch – Ursprung römisch)*

ren|nen, er rannte, das Rennen

re|no|vie|ren, sie renovierte, die Renovierung

die **Ren|te,** die Renten

sich **ren|tie|ren,** es rentiert sich

der **Rent|ner,** die **Rentnerin,** die Rentner

re|pa|rie|ren, sie reparierte, die Reparatur

die **Re|por|ta|ge,** die Reportagen

der **Re|por|ter,** die **Reporterin,** die Reporter

das **Rep|til,** die Reptilien

die **Re|pu|blik,** die Republiken

die **Re|ser|ve,** die Reserven

re|ser|vie|ren, sie reservierte, die Reservierung

der **Re|spekt**

der **Rest,** die Reste

das **Re|stau|rant,** die Restaurants

das **Re|sul|tat,** die Resultate

ret|ten, sie rettete, die Rettung, die Retter

der **Ret|tich,** die Rettiche

die **Reue,** reuen, es reute mich, reumütig

das **Re|vier,** die Reviere

die **Re|vo|lu|ti|on,** die Revolutionen

das **Re|zept,** die Rezepte

der **Rha|bar|ber**

der **Rhein**

Rhein|land-Pfalz, die Rheinland-Pfälzer, rheinland-pfälzisch

der **Rhyth|mus,** die Rhythmen

Ria (→ Maria)

Richard, Ricardo, Riccardo, Ricarda *(alter deutscher Name: Herrscher + hart)*

rich|ten, er richtete, der Richter, die Richterin

rich|tig*

die **Rich|tung,** die Richtungen

rie|chen, es roch

die **Rie|ge,** die Riegen

der **Rie|gel,** die Riegel

der **Rie|men,** die Riemen

der **Rie|se,** die Riesen, riesig

> Früher war nur Reiten schneller als Laufen. Als andere Möglichkeiten aufkamen, nannte man auch sie *reiten.* Auf Englisch heißt *Rad fahren* bis heute: ride a bicycle *(raid ä baißikl).* Und an flämischen Autobahnausfahrten steht: uitrit *(eutritt).*

rie|seln, es rieselte

Rike (→ Henrike, Ulrike usw.)

die **Ril|le,** die Rillen

das **Rind,** die Rinder

der **Ring,** die Ringe

rin|gen, er rang, hat gerungen, der Ringkampf

rings, ringsumher

die **Rin|ne,** die Rinnen

die **Rip|pe,** die Rippen

das **Ri|si|ko,** die Risikos oder: Risiken, riskieren, riskant

er **riss,** der Riss → reißen

Rita *(ital. Kurzform von Margherita = Margarete)*

der **Ritt,** die Ritte, rittlings

der **Rit|ter,** die Ritter, ritterlich

die **Rit|ze,** die Ritzen

rit|zen, er ritzte

Robert, Rupert *(alter deutscher Name: Ruhm + glänzend)*

Italienisch: **Roberto** (Mann), **Roberta** (Frau)

Französ.: **Robert** *(robähr)*

Englisch: **Robert** *(robbet)*, **Robin, Robby**

der **Ro|bo|ter,** die Roboter

rö|cheln, sie röchelte

der **Rock,** die Röcke

ro|deln, sie rodelte

ro|den, er rodete

Roger (→ Rüdiger)

der **Rog|gen**

roh, die Rohheit

das **Rohr,** die Rohre, die Röhre

röh|ren, der Hirsch röhrt

Roland *(alter deutscher Name: Ruhm + kühn)*

Rolf (→ Rudolf)

die **Rol|le,** die Rollen, rollen, der Roller, der Rollladen, die Rollerblades

das **Rol|lo,** die Rollos

der **Ro|man,** die Romane

Roman, Romana *(Mensch aus Rom – Ursprung römisch)*

ro|man|tisch

rönt|gen, der Arzt röntgt

die **Rönt|gen|un|ter|su|chung**

ro|sa, rosarot

Rosa, Rosalia, Rosi *(Rose – Ursprung römisch)*

die **Ro|se,** die Rosen, rosig

Rosemarie, Romi (→ Rosa, Maria)

Robota heißt polnisch *schwere körperliche Arbeit*. Tschechen sagen es ähnlich. Unsere Vorfahren lernten das Wort von den Polen. Schwere Arbeit für ihre Herren nannten sie robot. Heute nennen wir Maschinenmenschen Roboter.

A B C D E F G H I J K L M N O P Q R S T U V W X Y Z

Rudi

die **Ro|si|ne,** die Rosinen
das **Ross,** die Rosse oder: die Rösser
der **Rost** (rostiges Eisen), rosten, rostig
der **Rost** (Gitter), die Roste, rösten
Roswitha *(die Ruhmesstarke – alter deutscher Name)*
rot* (Hast du Probleme? → Kasten blau)
das **Ro|te Kreuz**
Rotraud *(alter deutscher Name keltischen Ursprungs)*
Roy *(der Rote – englischer Name keltischen Ursprungs)*
die **Rü|be,** die Rüben
Ruben *(Seht her, ein Sohn! – Name aus der Bibel)*
die **Ru|brik,** die Rubriken
der **Ruck,** rucken, ruckartig
rü|cken, sie rückte
der **Rü|cken***, die Rücken, die Rückfahrt, die Rückkehr, das Rücklicht, der Rucksack, der Rücktritt
die **Rück|sicht,** die Rücksichten, rücksichtslos
rück|wärts
der **Rü|de,** die Rüden
das **Ru|del,** die Rudel
das **Ru|der,** die Ruder, rudern, die Ruderer
Rüdiger *(alter deutscher Name: Ruhm + Speer)*
Rudolf, Rudolph, Rudi *(alter deutscher Name: Ruhm + Wolf)*
ru|fen, er rief, der Ruf
die **Rü|ge,** die Rügen, rügen
die **Ru|he,** ruhen, ruhig
der **Ruhm,** rühmen, berühmt
die **Ruhr,** das Ruhrgebiet
rüh|ren, er rührte, rührend
Ru|mä|ni|en, die Rumänen, rumänisch
der **Rumpf,** die Rümpfe
rümp|fen, sie rümpfte
rund, die Rundung, die Runde, der Rundfunk
run|ter
die **Run|zel,** die Runzeln
der **Rü|pel,** die Rüpel
rup|fen, er rupfte
der **Ruß,** rußen, rußig
der **Rüs|sel,** die Rüssel
Russ|land, die Russen, russisch
rüs|ten, er rüstete, die Rüstung, rüstig
die **Ru|te,** die Ruten
Ruth *(Freundin – Name aus der Bibel)*
die **Rut|sche,** die Rutschen
rut|schen, sie rutschte, rutschig
rüt|teln, er rüttelte

Sam

der **Saal,** die Säle
das **Saar|land,** die Saarländer, saarländisch
die **Saat,** die Saaten
Sabina, Sabine *(aus dem altberühmten Stamm der Sabiner – Ursprung römisch)*
Sabrina *(Name einer Nymphe – Ursprung englisch)*
die **Sa|che,** die Sachen, sachlich, die Sachkunde
Sach|sen, die Sachsen, sächsisch
Sach|sen-An|halt, die Sachsen-Anhalter
der **Sach|un|ter|richt**
der **Sack,** die Säcke
sä|en, er säte
der **Saft,** die Säfte, saftig
die **Sa|ge,** die Sagen
sa|gen, er sagte
sä|gen, sie sägte, die Säge
die **Sah|ne,** sahnig
die **Sai|son,** die Saisons
die **Sai|te,** die Saiten der Gitarre, aber: die → Seite
der **Sa|la|man|der,** die Salamander
die **Sa|la|mi,** die Salamis
der **Sa|lat,** die Salate
die **Sal|be,** die Salben, salben
Salome *(die Friedliche – Ursprung griechisch)*

der **Sa|lon,** die Salons
der **Sal|to,** die Saltos oder: die Salti
das **Salz,** die Salze, salzig
Sam, Sammy (→ Samuel)
Samantha *(die Zuhörende – amerikanischer Name, Ursprung biblisch)*
der **Sa|me** oder: der Samen, die Samen
sam|meln, sie sammelte, die Sammlung
der **Sams|tag***, die Samstage (Hast du Probleme? → Kasten Dienstag)
der **Samt**
sämt|lich, samt und sonders
Samuel *(von Gott erhört – Name aus der Bibel)*
das **Sa|na|to|ri|um,** die Sanatorien
der **Sand,** sandig
die **San|da|le,** die Sandalen
Sandra, Sandria, Sandrina (*italienische Kurzformen von* → Alessandra)
das **Sand|wich** (englisch; sprich: *ßänwitsch*), die Sandwiches oder: die Sandwiche
sanft, sanftmütig
der **Sän|ger,** die **Sängerin,** die Sänger

A B C D E F G H I J K L M N O P Q R S T U V W X Y Z

Sara

sa|nie|ren, er sanierte, die Sanierung

der **Sa|ni|tä|ter,** die Sanitäter

Sara, Sarah, Sarina *(Fürstin, Herrin – Name aus der Bibel)*

der **Sarg,** die Särge

Sascha *(russische Kurzform zu* → Alexander)

Saskia *(niederländischer Name: die Sächsin)*

der **Sa|tan**

der **Sa|tel|lit,** die Satelliten

die **Sa|ti|re,** die Satiren, satirisch

satt, gesättigt

der **Sat|tel,** die Sättel, satteln, der Sattler

der **Satz,** die Sätze

die **Sat|zung,** die Satzungen

die **Sau,** die Säue oder: Sauen

sau|ber✿, die Sauberkeit

säu|bern, sie säuberte

die **Sau|ce** (französisch; sprich: *soße / sooß*), die Saucen

sau|er, die Säure

das **Sau|er|kraut**

der **Sau|er|stoff**

sau|fen, er soff, der Säufer

sau|gen, er saugte (auch: er sog)

das **Säu|ge|tier,** die Säugetiere

der **Säug|ling,** die Säuglinge

die **Säu|le,** die Säulen

der **Saum,** die Säume

die **Sau|na,** die Saunas oder: die Saunen

der **Sau|ri|er,** die Saurier

sau|sen, es sauste

die **S-Bahn,** die S-Bahnen

Scarlet, Scarlett *(englisch; eine Form zu Charles* → Karl*)*

Scha... siehe auch Cha..

scha|ben, er schabte

der **Scha|ber|nack**

schä|big

die **Scha|blo|ne,** die Schablonen

das **Schach,** das Schachspiel

der **Schacht,** die Schächte, ausschachten

die **Schach|tel,** die Schachteln

scha|de ist das!

der **Schä|del,** die Schädel

scha|den, er schadete, der Schaden

Das einst kostbare Salz heißt in den meisten Ländern Europas ähnlich: ***GB***: salt *(ßålt)*; ***F***: sel; ***DK***: salt *(sält)*; ***NL***: zout *(saut)*; ***I***: sale; ***E***: sal; ***PL***: sól *(ßul)*; ***SKr***: sol *(ßol)*; ***CZ***: sůl; ***TR***: tuz *(tus)*; ***GR***: (sprich:) *aláti*

Schatzi

schä|di|gen, sie schädigte
schäd|lich
der **Schäd|ling,** die Schädlinge
das **Schaf,** die Schafe, der Schäfer, der Schäferhund
schaf|fen, er schaffte
der **Schaff|ner,** die **Schaffnerin,** die Schaffner
der **Schal,** die Schals oder: die Schale
die **Scha|le,** die Schalen
schä|len, sie schälte
der **Schall,** schallen
schal|ten, sie schaltete, der Schalter, die Schaltung
die **Scham,** sich schämen, schamlos
die **Schan|de,** schändlich
die **Schar,** die Scharen
scharf, die Schärfe, schärfen
der **Schar|lach**
schar|ren, es scharrte
das/der **Schasch|lik,** die Schaschliks
der **Schat|ten,** die Schatten, schattig
der **Schatz,** die Schätze
schät|zen, sie schätzte
schau|en, sie schaute, die Schau, das Schaufenster

der **Schau|er,** die Schauer, schauern
die **Schau|fel,** die Schaufeln, schaufeln
die **Schau|kel,** die Schaukeln, schaukeln
der **Schaum,** schäumen
schau|rig
der **Schau|spie|ler,** die **Schauspielerin,** die Schauspieler
der **Scheck,** die Schecks
die **Schei|be,** die Scheiben
die **Schei|de,** die Scheiden
schei|den, er schied, er ist geschieden, die Scheidung
der **Schein**
schein|bar fort (nicht in Wirklichkeit)
schei|nen, es schien
der **Schei|tel,** die Scheitel
schei|tern, sie scheiterte
die **Schel|le,** die Schellen
schel|len, es schellte
der **Sche|mel,** die Schemel
der **Schen|kel,** die Schenkel
schen|ken, sie schenkte, das Geschenk
die **Scher|be,** die Scherben
die **Sche|re,** die Scheren
die **Sche|re|rei,** die Scherereien
der **Scherz***, die Scherze, scherzen

Schirin

scheu, scheuen, die Scheu
scheu|chen, sie scheuchte
scheu|ern, er scheuerte, das Scheuertuch
die **Scheu|ne,** die Scheunen
das **Scheu|sal,** die Scheusale
scheuß|lich
der **Schi,** die Schier
die **Schicht,** die Schichten
schick
schi|cken, sie schickte
das **Schick|sal,** die Schicksale
schie|ben, er schob, der Schieber, die Schiebung
der **Schieds|rich|ter,** die Schiedsrichter
schief
der **Schie|fer**
schie|len, er schielte
das **Schien|bein,** die Schienbeine
die **Schie|ne,** die Schienen
schie|ßen, sie schoss, hat geschossen, der Schuss
das **Schiff,** die Schiffe, der Schiffbruch, schiffbar
die **Schi|ka|ne,** die Schikanen, schikanieren
der **Schild** des Ritters, die Schilde
das **Schild,** die Schilder
schil|dern, er schilderte, die Schilderung
die **Schild|krö|te,** die Schildkröten
das **Schilf**
der **Schim|mel,** die Schimmel (1. weißes Pferd, 2. Pilz)
schim|meln, es schimmelte, schimmelig oder: schimmlig
schim|mern, es schimmerte, der Schimmer
der **Schim|pan|se,** die Schimpansen
schimp|fen, er schimpfte, mit Schimpf und Schande
die **Schin|del,** die Schindeln
sich **schin|den,** er hat sich geschunden
der **Schin|ken,** die Schinken
die **Schip|pe,** die Schippen
Schirin *(persisch: die Süße)*
der **Schirm,** die Schirme
die **Schlacht,** die Schlachten

> Als es noch keine Motoren gab, musste man über den Ozean mit Segelschiffen segeln. In englischen Häfen stand auf Tafeln, wann die Schiffe absegelten. So steht das heute noch auf den Fahrplänen: Schiffsabfahrten heißen sailing *(ßäiling)*.

Schlappi

schlach|ten, er schlachtete
die **Schla|cke,** die Schlacken
der **Schlaf,** der Schläfer
die **Schlä|fe,** die Schläfen
schla|fen, sie schlief, schläfrig, schlaflos
schlaff
schla|gen, er schlug, der Schlag, der Schläger, die Schlägerei
der **Schla|ger,** die Schlager
der **Schlamm,** schlammig
schlam|pig, die Schlamperei
die **Schlan|ge,** die Schlangen, Schlange stehen
sich **schlän|geln,** sie schlängelte sich
schlank
schlapp
das **Schla|raf|fen|land**
schlau, die Schlauheit, die Schläue
der **Schlauch,** die Schläuche
die **Schlau|fe,** die Schlaufen
schlecht, die Schlechtigkeit, schlecht gelaunt
schlei|chen, sie schlich
der **Schlei|er,** die Schleier, schleierhaft
die **Schlei|fe,** die Schleifen
schlei|fen, er schliff
der **Schleim,** schleimig
schlem|men, er schlemmte, der Schlemmer
schlen|dern, er schlenderte
der **Schlen|dri|an**
schlen|kern, sie schlenkerte
schlep|pen, sie schleppte, der Schlepper, die Schleppe
Schles|wig-Hol|stein, die Schleswig-Holsteiner, schleswig-holsteinisch
die **Schleu|der,** die Schleudern, schleudern
schleu|nig, schleunigst
die **Schleu|se,** die Schleusen, schleusen
schlicht
schlich|ten, er schlichtete, die Schlichtung
schlie|ßen, er schloss, geschlossen
schließ|lich
schlimm
die **Schlin|ge,** die Schlingen
der **Schlin|gel,** die Schlingel
schlin|gen, er schlang, hat geschlungen, die Schlingpflanze
der **Schlips,** die Schlipse
der **Schlit|ten,** die Schlitten
der **Schlitt|schuh,** die Schlittschuhe

Schlumpf

der **Schlitz,** die Schlitze, schlitzen
das **Schloss,** die Schlösser (1. Türschloss, 2. Königsschloss)
der **Schlos|ser,** die Schlosser
der **Schlot,** die Schlote
schlot|tern, es schlotterte
die **Schlucht,** die Schluchten
schluch|zen, er schluchzte
schlu|cken, er schluckte, der Schluck
schlum|mern, sie schlummerte, der Schlummer
schlüp|fen, sie schlüpfte, der Schlüpfer, schlüpfrig
schlur|fen, er schlurfte
schlür|fen, er schlürfte
der **Schluss,** die Schlüsse
der **Schlüs|sel,** die Schlüssel
schmäch|tig
schmack|haft
schmal, schmaler
das **Schmalz**
schmat|zen, er schmatzte
schmau|sen, sie schmauste

schme|cken, es schmeckte
schmei|cheln, er schmeichelte, der Schmeichler, die Schmeichelei
schmei|ßen, sie schmiss, hat geschmissen
schmel|zen, es schmilzt, es schmolz, geschmolzen
der **Schmerz,** die Schmerzen, schmerzen, schmerzlich, schmerzhaft, schmerzlos
der **Schmet|ter|ling**✿, die Schmetterlinge
schmet|tern, er schmetterte
der **Schmied,** die Schmiede, schmieden
schmie|ren, er schmierte, die Schmiere, schmierig
die **Schmin|ke,** schminken
schmir|geln, er schmirgelte
der **Schmö|ker,** die Schmöker, schmökern
schmol|len, sie schmollte
schmo|ren, es schmorte
schmü|cken, sie schmückte, der Schmuck

Früher glaubte man an Hexen, die sich in Schmetterlinge verwandelten und Milchrahm (Butter) naschten. Unsere Ahnen machten aus dem tschechischen Wort für Milchrahm: Schmetten. Englisch heißt *Schmetterling* butterfly – Butterfliege.

Schön-traud

schmug|geln, er schmuggelte, der Schmuggler
schmun|zeln, sie schmunzelte
schmu|sen, er schmuste
der **Schmutz,** schmutzig✿
der **Schna|bel,** die Schnäbel
die **Schna|ke,** die Schnaken
die **Schnal|le,** die Schnallen, schnallen
schnal|zen, er schnalzte
schnap|pen, er schnappte
der **Schnaps,** die Schnäpse
schnar|chen, sie schnarchte
schnat|tern, er schnatterte
schnau|ben, er schnaubte
schnau|fen, er schnaufte
die **Schnau|ze,** die Schnauzen, schnauzen
sich **schnäu|zen,** er schnäuzte sich
die **Schne|cke,** die Schnecken
der **Schnee,** der Schneeball
das **Schnee|glöck|chen,** die Schneeglöckchen
schnei|den, er schnitt, der Schnitt
der **Schnei|der,** die **Schnei|derin,** die Schneider
schnei|en, es schneite
schnell✿, am schnellsten, die Schnelligkeit
der **Schnip|sel,** die Schnipsel
der **Schnitt,** die Schnitte
die **Schnit|te,** die Schnitten
der **Schnitt|lauch**
das **Schnit|zel,** die Schnitzel, die Schnitzeljagd
schnit|zen, er schnitzte
der **Schnor|chel,** die Schnorchel
schnüf|feln, er schnüffelte
der **Schnup|fen,** schnupfen
schnup|pern, sie schnupperte
die **Schnur,** die Schnüre
schnü|ren, er schnürte, der Schnürsenkel
schnur|ge|ra|de
der **Schnurr|bart,** die Schnurrbärte
schnur|ren, sie schnurrte
die **Scho|ko|la|de**✿
die **Schol|le,** die Schollen (1. Erdscholle, 2. Plattfisch)

D: Schneeglöckchen; ***E***: campanilla de las nieves *(campanija de las niäwes)* = Glöckchen des Schnees; ***GB***: snowdrop *(ßnoudropp)* = Schneetropfen; ***F***: perce-neige *(perß-nähsch)* = Schneedurchbohrer; ***I***: bucaneve (= Schneelocher)

Schorsch

schon
schön
scho|nen, er schonte, die Schonung
Schöntraud *(moderne Neuschöpfung)*
schöp|fen, sie schöpfte, der Schöpfer, die Schöpfung
der **Schorn|stein,** die Schornsteine
der **Schorn|stein|fe|ger,** die Schornsteinfeger
Schorsch *(Kurzform von* → Georg*)*
der **Schoß,** die Schöße
der **Schot|ter**
schräg, die Schräge
die **Schram|me,** die Schrammen, schrammen
der **Schrank,** die Schränke
die **Schran|ke,** die Schranken
die **Schrau|be,** die Schrauben, schrauben
der **Schreck** oder: der Schrecken, schrecklich
der **Schrei,** die Schreie
schrei|ben, er schrieb, der Schreibtisch
schrei|en, er schrie, hat geschrien
der **Schrei|ner,** die Schreiner
schrei|ten, er schritt

die **Schrift,** die Schriften, der Schriftsteller, schriftlich
schrill
der **Schritt,** die Schritte
schroff
der **Schrott,** verschrotten
schrub|ben, er schrubbte, der Schrubber
schrump|fen, es schrumpfte
der **Schub,** die Schübe, die Schubkarre, die Schublade
schub|sen, er schubste, der Schubs
schüch|tern, die Schüchternheit
der **Schuft,** die Schufte
schuf|ten, sie schuftete
der **Schuh,** die Schuhe
die **Schuld,** die Schulden, schuldig

schuld

groß:
Ich habe Schuld.
Sie gibt ihm die Schuld.

klein:
Ich bin schuld.
Sie war schuld.

getrennt/zusammen:
Er lässt sich nichts zu Schulden/zuschulden kommen.
(Beides ist richtig!)

Bastienne

A B C D E F G H I J K L M N O P Q R S T U V W X Y Z

die **Schu|le**, die Schulen, die Schüler
die **Schul|ter,** die Schultern
schum|meln, sie schummelte
der **Schund**
die **Schup|pe,** die Schuppen
der **Schup|pen,** die Schuppen
die **Schür|ze,** die Schürzen
der **Schuss,** die Schüsse
die **Schüs|sel,** die Schüsseln
der **Schus|ter,** die Schuster
der **Schutt**
schüt|teln, sie schüttelte
schüt|ten, sie schüttete
schüt|zen, sie schützte, der Schutz
Schwa|ben, die Schwaben, schwäbisch
schwach, die Schwäche
der **Schwa|ger,** die **Schwägerin**
die **Schwal|be,** die Schwalben
der **Schwamm,** die Schwämme
der **Schwan,** die Schwäne
schwan|ger, die Schwangerschaft
schwan|ken, er schwankte
der **Schwanz,** die Schwänze
schwän|zen, sie schwänzte
der **Schwarm,** die Schwärme
schwarz, die Schwarzen

schwarz

klein:
sich schwarz ärgern
schwarz auf weiß
das schwarze Schaf
die schwarze Liste

groß:
das Schwarze Meer
ins Schwarze treffen
(Hast du andere Probleme? → Kasten blau)

schwat|zen, er schwatzte, schwätzen, der Schwätzer
schwe|ben, sie schwebte
Schwe|den, die Schweden, schwedisch
der **Schwe|fel**
der **Schweif,** die Schweife
schwei|gen, er schwieg, der Schweiger
das **Schwein**, die Schweine, die Schweinerei
der **Schweiß**
schwei|ßen, er schweißte, der Schweißer
die **Schweiz,** die Schweizer, schweizerisch
schwe|len, es schwelte
die **Schwel|le,** die Schwellen
schwel|len, es schwoll
schwen|ken, er schwenkte

Sean

schwer, schwerhörig
das **Schwert,** die Schwerter
die **Schwes|ter***, die Schwestern
die **Schwie|ger|el|tern,** die Schwiegermutter, der Schwiegervater
schwie|rig, die Schwierigkeit
schwim|men, sie schwamm, geschwommen, die Schwimmer
schwin|deln, er schwindelte, der Schwindler
schwin|den, es schwand, ist geschwunden
schwind|lig oder: schwindelig, der Schwindel
schwin|gen, er schwang, hat geschwungen
schwir|ren, es schwirrte
schwit|zen, du schwitzt, er schwitzte
schwö|ren, er schwor
schwül, die Schwüle
der **Schwung,** die Schwünge
der **Schwur,** die Schwüre

Sean *(schån) (irische Form von* → Johannes)
Sebastian *(verehrungswürdig – Ursprung griechisch)*
Englisch: **Sebastian** *(ßibästjen)*
Italienisch: **Sebastiano, Bastiano**
Französ.: **Bastian** *(bast~~ian~~)* (Mann)
Bastienne *(bastjenn)* (Frau)
sechs*, sechzehn, sechzig
der **See,** die Seen
die **See** (das Meer), seekrank
die **See|le,** die Seelen
das **Se|gel,** die Segel
se|geln, sie segelte
seg|nen, er segnete, der Segen
se|hen, sie sieht, sie sah, sieh mal!, aber: → sie
die **Seh|ne,** die Sehnen
sich **seh|nen,** er sehnte sich, die Sehnsucht
sehr*, sehr gut
seicht
ihr **seid,** aber: → seit gestern

Nur bei den germanischen Völkern hieß der Vogel mit dem Gabelschwanz ähnlich. Man merkt es bis heute: ***GB:*** swallow *(ßwållou)*; ***TR:*** kırlangıç; ***DK:*** svale *(swäle)*; ***I:*** rondine; ***NL:*** zwaluw *(swalü)*; ***PL:*** jaskółka *(jaskuouka)*; ***E:*** golondrina

die **Sei|de,** die Seiden, ein seidenes Kleid
die **Sei|fe**✿, die Seifen
das **Seil,** die Seile
sein✿, sein Heft
sein, froh sein
seit gestern, aber: ihr → seid
seit|dem
die **Sei|te,** die Seiten, aber: die → Saite
seit|lich, seit|wärts
der **Se|kre|tär,** die Sekretäre (1. verschließbares Schreibpult, 2. Schriftführer, Geschäftsführer)
die **Se|kre|tä|rin,** die Sekretärinnen, das Sekretariat
der **Sekt**
die **Sek|te,** die Sekten
die **Se|kun|de,** die Sekunden
sel|ber
selbst
selb|stän|dig / **selbst|stän|dig**
die **Selbst|be|die|nung**
selbst|ver|ständ|lich
se|lig, die Seligkeit
Selina, Seline (→ Celina)
der/die **Sel|le|rie**
Selma *(alter deutscher Name: Gott + Helm)*
sel|ten, die Seltenheit
selt|sam
das **Se|mi|ko|lon,** die Semikolons
die **Sem|mel,** die Semmeln
der **Se|nat,** der Senator, die Senatorin
sen|den, er sandte, hat gesandt, die Sendung
der **Sen|der,** die Sender
der **Senf**
sen|ken, sie senkte, aber: → sinken
senk|recht
der **Senn,** die Sennerin
die **Sen|sa|ti|on,** die Sensationen, sensationell
die **Sen|se,** die Sensen
sen|si|bel
sen|ti|men|tal
der **Sep|tem|ber**✿
Seraphina, Seraphine *(Name eines Engels in der Bibel)*

Das Wort geheim
Römisch: secretus; ***I***: segreto, ***F***: secret *(ßekrä)*, ***GB***: secret *(ßiekret)*.
Der britische Geheimdienst heißt secret service *(ßiekret ßörwiß)*.
Und wir? Wir haben Sekretärinnen und zwei Arten Sekretäre.

Serena *(die Heitere – italienischer Name)*

die **Se|rie,** die Serien
die **Ser|pen|ti|ne,** die Serpentinen
die **Ser|vi|et|te,** die Servietten
der **Ses|sel,** die Sessel
set|zen, sie setzte
die **Seu|che,** die Seuchen
seuf|zen, er seufzte, der Seufzer
Sheila (schiela) *(englische Kurzform von* → Cäcilie*)*
der **She|riff,** die Sheriffs
Shirley (schörlie) *(Ursprung: englischer Ortsname)*
die **Show,** die Shows
Sibyl, Sibylle, Sibille, Sibilla *(Bei den alten Griechen waren Sibyllen Weissagerinnen.)*
sich
die **Si|chel,** die Sicheln
si|cher, sicherlich, die Sicherheit, die Sicherung, sicherheitshalber
si|chern, sie sicherte
die **Sicht,** sichtbar
si|ckern, es sickert
sie✿ kommt (aber: sie<u>h</u>!)
das **Sieb,** die Siebe, sieben

sie|ben✿, siebzehn, siebzig (Hast du Probleme? → Kasten acht)
sie|den, es siedete, siedend heiß, der Siedepunkt
die **Sied|lung,** die Siedlungen, siedeln, die Siedler
der **Sieg,** die Siege, die Sieger, siegen, siegreich
Si(e)gbert, Si(e)gfried, Si(e)ghart, Si(e)gmar, Si(e)gmund, Sigismund, Si(e)gwald, Si(e)gward, Sigi (Männer)
Si(e)ghild, Si(e)glind(e), Si(e)grid, Sigrun (Frauen) *(alte deutsche Namen; sigu hieß bei den germanischen Völkern Sieg)*
das **Sie|gel,** die Siegel
sie|zen, er siezte sie
das **Sig|nal,** die Signale
die **Sil|be,** die Silben
das **Sil|ber,** silbern, silbrig, die Silbermedaille
Silke, Silja *(friesische Formen von* → Cäcilia*)*
der/das **Si|lo,** die Silos, die Silage
das/der **Sil|ves|ter**
Silvia *(sagenhafte Mutter der beiden Stadtgründer Roms)*
Simon, Simone *(Gott hat gehört – Ursprung griechisch)*

Sofie

Sina *(Kurzform von Rosina = die Rosenfarbige)*

wir **sind** froh

sin|gen, sie sang, hat gesungen

der **Sin|gu|lar**

sin|ken, sie sank, ist gesunken

der **Sinn,** die Sinne, sinnlos

die **Sint|flut**

die **Si|re|ne,** die Sirenen

der **Si|rup**

Sissy (→ Elisabeth)

die **Sit|te,** die Sitten

die **Si|tu|a|ti|on,** die Situationen

sit|zen, sie saß, hat gesessen, der Sitz, die Sitzung

die **Ska|la,** die Skalen oder: die Skalas

der **Skan|dal,** die Skandale

der **Skat**

das **Ske|lett,** die Skelette

der **Ski,** die Skier

die **Skiz|ze,** die Skizzen

der **Skla|ve,** die Sklaven

der **Smog,** der Smogalarm

so

so|bald

die **So|cke*** oder: der Socken, die Socken

der **So|ckel,** die Sockel

so|dass / so dass

so|eben

das **So|fa,** die Sofas

Sofie (→ Sophia)

so|fort

so|gar

so|ge|nannt / so ge|nannt

so|gleich

die **Soh|le,** die Sohlen der Schuhe, aber: die → Sole

der **Sohn,** die Söhne

so|lan|ge es dauert

die **So|lar|ener|gie**

solch, solche

der **Sold,** die Besoldung

der **Sol|dat,** die Soldaten

die **So|le** (Salzwasser), die Solen, aber: die → Sohle

sol|len, er sollte

das **So|lo,** die Solos oder: die Soli

Solveig *(Nordische Völker nannten Kampf: vig.)*

der **Som|mer,** die Sommer

son|der|bar

Suffa hieß das arabische Sitzkissen auf dem Kamel, später eine Polsterbank. Die Europäer machten den Luxus nach: Sofa/sofa *(D, GB, F)*, sofà *(I, E)*. – Das arabische Liegekissen hieß matrah. Die Italiener machten daraus materasso.

Sönke

son|dern
der **Song** (englisch; sprich: *ßong*), die Songs
Sonia, Sonja *(eine russische Form von →* Sophia*)*
Sönke *(friesisch: Söhnchen)*
der **Sonn|abend,** die Sonnabende (Hast du Probleme? → Kasten Dienstag)
die **Son|ne***, die Sonnen, sich sonnen, sonnig, die Sonnenblume
der **Sonn|tag***, die Sonntage (Hast du Probleme? → Kasten Dienstag)
sonst
so|oft es regnet, ...
Sophia, Sophie *(Weisheit – Ursprung griechisch)*
der **So|pran,** die Soprane
Sören *(der Weise – Ursprung griechisch)*
die **Sor|ge,** die Sorgen
sor|gen, er sorgte
die **Sorg|falt,** sorgfältig
die **Sor|te,** die Sorten
sor|tie|ren, sie sortierte
die **So|ße,** die Soßen
so|viel ich weiß (aber: <u>so</u> <u>viel</u> Geld)
so|wie, sowohl
so|zi|al
der **Spach|tel,** die Spachtel
die **Spa|get|ti/Spa|ghet|ti**
spä|hen, er spähte, der Späher
der **Spalt,** die Spalte
spal|ten, sie spaltete
der **Span,** die Späne
die **Span|ge,** die Spangen
der **Spa|ni|el,** die Spaniels
Spa|ni|en, die Spanier, spanisch
span|nen, sie spannte, gespannt sein
span|nend, die Spannung
spa|ren, sie sparte, die Sparer, die Sparsamkeit, die Sparkasse
der **Spar|gel,** die Spargel
spar|sam, die Sparsamkeit
der **Spaß***, die Späße, spaßen
spät, spätestens
der **Spa|ten,** die Spaten
der **Spatz,** die Spatzen
spa|zie|ren gehen, sie ging spazieren, der Spaziergang
der **Specht,** die Spechte
der **Speck,** speckig
der **Speer,** die Speere
die **Spei|che,** die Speichen
der **Spei|chel**
der **Spei|cher,** die Speicher, speichern
die **Spei|se,** die Speisen

A B C D E F G H I J K L M N O P Q R S T U V W X Y Z

Stefan

spei|sen, sie speiste
die **Spen|de,** die Spenden, die Spender
spen|den, er spendete
der **Speng|ler,** die Spengler
der **Sper|ling,** die Sperlinge
sper|ren, sie sperrte, die Sperre, sperrig
der **Spe|zi|a|list,** die **Spezi-alistin,** die Spezialisten
die **Spe|zi|a|li|tät,** die Spezialitäten, spezial
spe|zi|ell
der **Spie|gel,** die Spiegel, spiegeln
spie|len, er spielte, das Spiel*, die Spieler
der **Spieß,** die Spieße
der **Spi|nat**
die **Spin|ne,** die Spinnen
spin|nen, sie spann, hat gesponnen
der **Spi|on,** die Spione, spionieren
die **Spi|ra|le,** die Spiralen
der **Spi|ri|tus**
spitz, die Spitze
der **Spitz,** die Spitze
der **Spit|zel,** die Spitzel
der **Split|ter,** die Splitter
split|tern, es splitterte
der **Spon|sor,** die Sponsoren
der **Sport,** die Sportler, sportlich, die Sportschau
der **Spott,** die Spötter
spot|ten, sie spottete
die **Spra|che,** die Sprachen, sprachlich, sprachlos
das/der **Spray,** die Sprays
spre|chen, er spricht, er sprach, hat gesprochen
sprei|zen, er spreizte
spren|gen, sie sprengte
das **Sprich|wort,** die Sprichwörter
sprie|ßen, es spross
sprin|gen, sie sprang, ist gesprungen
der **Sprin|ger,** die **Springerin,** die Springer
der **Sprit**
sprit|zen, es spritzte, der Spritzer, die Spritze
die **Spros|se,** die Sprossen
der **Spruch,** die Sprüche
der **Spru|del,** die Sprudel

GB: A bird in the hand is better than two in the bush. *(ä börd in ∂e händ is better ∂än tuu in ∂e busch)* ***E:*** Mas vale pájaro en mano que cientos volando. *(... pácharo en mano ke ∂ientos..)* = Besser ein Vogel in der Hand als hundert fliegende. ***D:*** ...

Stefanie

der Sprung

spru|deln, es sprudelte
sprü|hen, es sprühte
der **Sprung,** die Sprünge
spu|cken, sie spuckte, die Spucke
der **Spuk,** spuken, es spukte
die **Spu|le,** die Spulen, spulen
spü|len, er spülte, die Spülung, die Spüle
die **Spur,** die Spuren, spuren
spü|ren, sie spürte
der **Spurt,** die Spurts, spurten
sich **spu|ten,** sie sputete sich
der **Staat,** die Staaten, staatlich
der **Stab,** die Stäbe
sta|bil
der **Sta|chel,** die Stachel, stachlig oder: stachelig
das **Sta|di|on,** die Stadien
die **Stadt,** die Städte, städtisch
die **Staf|fel,** die Staffeln
der **Stahl,** die Stähle, stählern
der **Stall,** die Ställe
der **Stamm,** die Stämme
stam|meln, sie stammelte
stamp|fen, er stampfte, der Stampfer
der **Stand,** die Stände, der Ständer
stän|dig

die **Stan|ge,** die Stangen
der **Stän|gel,** die Stängel
stän|kern, er stänkerte
der **Sta|pel,** die Stapel, stapeln
stap|fen, er stapfte
der **Star** (Vogel), die Stare
der **Star** (Augenkrankheit)
der **Star** (Filmstar), die Stars
stark, die Stärke, stärken
starr, starren, die Starrheit
der **Start,** die Starts, starten
die **Sta|ti|on,** die Stationen
statt|des|sen / **statt dessen**
der **Stau,** die Staus
der **Staub,** es staubte, staubig
die **Stau|de,** die Stauden
stau|en, es staute
stau|nen, er staunte
ste|chen, sie sticht, er stach, hat gestochen
ste|cken, sie steckte, der Stecker

Stefan, Stephan, Steffen
(Kranz, Krone – Ursprung griechisch)
Italienisch: **Stefano**
Französ.: **Étienne** *(etienn)*
Englisch: **Steven** *(ßtiewn)*
Niederländ.: **Steven**
Ungarisch: **István** *(ischtwan)*
Frauennamen: **Stefanie, Stephanie, Stefana, Steffi, Stefania**

A B C D E F G H I J K L M N O P Q R S T U V W X Y Z

Stephan

der **Steg,** die Stege
ste|hen, sie stand
steh|len, sie stiehlt, er stahl, hat gestohlen
steif
stei|gen, sie stieg, die Steigung
stei|gern, er steigerte
steil
der **Stein,** die Steine, steinig, die Steinkohle
die **Stel|le,** die Stellen, die Stellung
stel|len, er stellte, die Stellung
die **Stel|ze,** die Stelzen
stem|men, er stemmte
der **Stem|pel,** die Stempel, stempeln
die **Ste|no|gra|fie** / **Ste|no|gra|phie**
Stephan (→ Stefan)
die **Stepp|de|cke,** die Steppdecken
die **Step|pe,** die Steppen
ster|ben, sie starb, ist gestorben
ste|reo hören, die Stereoanlage
ste|ril
der **Stern**✿, die Sterne
stets, stetig
die **Steu|er** (Abgabe), die Steuern
das **Steu|er** (zum Lenken), die Steuer, steuern
der **Ste|ward,** die Stewards
die **Ste|war|dess,** die Stewardessen
der **Stich,** die Stiche, das Stichwort, im Stich lassen
sti|cken, sie stickte, die Stickerei
sti|ckig
der **Stie|fel**✿, die Stiefel
die **Stief|el|tern**
die **Stie|ge,** die Stiegen
der **Stiel,** die Stiele
der **Stier,** die Stiere
stie|ren, er stierte
der **Stift,** die Stifte
stif|ten, sie stiftete, die Stifter, die Stiftung
still, in der Stille
die **Stim|me,** die Stimmen
stim|men, es stimmte

Ein Verwalter des Proviants auf Schiffen hieß in England steward *(ßtjuard)*. Als die Passagierschifffahrt begann, nannte man so auch die Betreuer der Passagiere. Das ist bis heute so geblieben.

die **Stim|mung,** die Stimmungen

Stine

Stine *(Kurzform von Namen mit der Endung -ine wie* → Christine...*)*

stin|ken, es stank, hat gestunken

die **Stirn,** die Stirnen

stö|bern, er stöberte

sto|chern, er stocherte

der **Stock,** die Stöcke

sto|cken, sie stockte

das **Stock|werk,** die Stockwerke, dreistöckig

der **Stoff,** die Stoffe

stöh|nen, er stöhnte

der **Stol|len,** die Stollen (1. Weihnachtsgebäck, 2. Schachtgang im Berg)

stol|pern, er stolperte

stolz sein, der Stolz

stol|zie|ren, er stolzierte

stop|fen, er stopfte

der **Stop|fen,** die Stopfen

die **Stop|pel,** die Stoppeln

stop|pen, er stoppte, der Stopp, die Stoppuhr

der **Stöp|sel,** die Stöpsel

der **Storch,** die Störche

stö|ren, sie störte, die Störung

stör|risch

die **Sto|ry,** die Storys

sto|ßen, er stieß, der Stoß

stot|tern, er stotterte

die **Stra|fe,** die Strafen, strafbar, sträflich

stra|fen, sie strafte

der **Strahl,** die Strahlen

strah|len, es strahlte, die Strahlung

die **Sträh|ne,** die Strähnen, strähnig

stramm

stram|peln, er strampelte

der **Strand,** die Strände, stranden

der **Strang,** die Stränge

die **Stra|pa|ze,** die Strapazen

die **Stra|ße***, die Straßen

sich **sträu|ben,** er sträubte sich

der **Strauch,** die Sträucher

der **Strauß,** die Sträuße

stre|ben, sie strebte, die Strebe, der Streber

die **Stre|cke,** die Strecken

stre|cken, er streckte

der **Streich,** die Streiche

strei|cheln, er streichelte

strei|chen, sie strich

das **Streich|holz,** die Streichhölzer

strei|fen, er streifte, die Streife

der **Strei|fen,** die Streifen, gestreift

der **Streik,** die Streiks, streiken

der **Streit,**
die Streiterei
strei|ten, er stritt
streng,
die Strenge
der **Stress,** stressig
streu|en, sie streute,
die Streu, der Streusel
der **Strich,** die Striche
der **Strick,** die Stricke
stri|cken, er strickte
das **Stroh,** der Strohhalm
der **Strolch,** die Strolche
der **Strom,** die Ströme,
die Strömung, strömen
die **Stro|phe,** die Strophen
strot|zen, er strotzte
strub|be|lig oder: strubblig
der **Stru|del,** die Strudel
der **Strumpf,** die Strümpfe
der **Strunk,** die Strünke
strup|pig
die **Stu|be,** die Stuben
das **Stück,** die Stücke, stückeln
der **Stu|dent,** die **Studentin**
stu|die|ren, er studierte,
das Studium
die **Stu|fe,** die Stufen
der **Stuhl**✿, die Stühle
die **Stul|le,** die Stullen
stül|pen, er stülpte
stumm
der **Stüm|per,** die Stümper
stumpf, der Stumpfsinn
der **Stumpf,** die Stümpfe
die **Stun|de,** die Stunden,
der Stundenplan, stündlich
stur, die Sturheit
der **Sturm,** die Stürme,
der Stürmer, stürmisch
stür|men, es stürmte
der **Sturz,** die Stürze
stür|zen, sie stürzte
die **Stu|te,** die Stuten
stut|zen, er stutzte, stutzig
stüt|zen, sie stützte,
die Stütze
das **Sub|jekt,** die Subjekte
das **Sub|stan|tiv,**
die Substantive
sub|tra|hie|ren,
sie subtrahierte
su|chen, er suchte,
die Suche
die **Sucht,** die Süchte
der **Sü|den,** südlich
die **Sum|me,** die Summen
sum|men, sie summte
der **Sumpf,** die Sümpfe,
sumpfig
die **Sün|de,** die Sünden,
der Sünder, sündigen
das **Su|per**(benzin), der
Supermarkt,
das ist super!
die **Sup|pe,** die Suppen
sur|fen (englisch; sprich:
ßörfen), sie surfte

sur|ren,
es surrte
Susanna,
Susanne, Suse,
Susi, Susy *(Lilie – Ursprung biblisch)*
Dänisch: **Susen**
Englisch: **Susan** *(ßuhsn)*,
Sue *(ßuh)*
Franz.: **Suzanne** *(ßüsann)*,
Suzette *(ßüsett)*
Poln.: **Zuzanna** *(susanna)*
Italienisch (kurz): **Susa**

Svenja

süß*, süßen, die Süße,
die Süßigkeit
Sven, Svend, Svenja
(junger Mensch – dänischer Königsname)
Swanhild, Swantje,
Swaantje *(alter deutscher Name: Schwan + Kampf)*
Sybill, Sybille (→ Sibylle)
Sylvia, Sylvie (→ Silvia)
das **Sym|bol,** die Symbole
die **Sym|pa|thie,** die Sympathien, sympathisch
das **Symp|tom,** die Symptome
das **Sys|tem,** die Systeme
die **Sze|ne,** die Szenen

der **Ta|bak**
die **Ta|bel|le,** die Tabellen
das **Ta|blett,** die Tabletts
die **Ta|blet|te,** die Tabletten
der **Ta|cho** (Tachometer), die Tachos
der **Ta|del,** die Tadel, tadeln, tadellos
die **Ta|fel,** die Tafeln
der **Tag***, die Tage, täglich, tagelang, tagsüber
der **Takt,** die Takte, taktlos
das **Tal,** die Täler
der **Ta|lar,** die Talare
das **Ta|lent,** die Talente
der **Talg**
der **Ta|lis|man**
die **Talk|show,** die Talkshows
Tamara *(Dattelpalme – russische Form eines hebräischen Namens)*
das **Tan|dem,** die Tandems
Tanja *(russische Kurzform von* → Tatjana*)*
der **Tank,** die Tanks
tan|ken, sie tankte, die Tankstelle, der Tanker
die **Tan|ne,** die Tannen
die **Tan|te***, die Tanten

Ein Wort wandert 3000 Jahre: Station 1: Zaubersachen nannten die alten Griechen *télesma*. Station 2: ***Arabisch:*** tilasman; Station 3: ***GB, F*** und ***E:*** talisman; Station 4: ***I:*** talismano. Von denen kam der vermeintliche Glücksbringer zu uns.

A B C D E F G H I J K L M N O P Q R S T U V W X Y Z

A B C D E F G H I J K L M N O P Q R S T U V W X Y Z

Tatjana

der **Tanz,** die Tänze, die Tänzer, tanzen
die **Ta|pe|te,** die Tapeten, tapezieren
tap|fer, die Tapferkeit
tar|nen, er tarnte, die Tarnung
die **Ta|sche,** die Taschen
die **Tas|se,** die Tassen
Tassilo, Thassilo, Tasso *(Eibenbaum – alter italienischer Name)*
die **Tas|te,** die Tasten, tasten
die **Tat,** die Taten, die Täter, die Tätigkeit, tätig
Tatjana, Tatiana *(russischer Name asiatischen Ursprungs, Bedeutung unklar)*
die **Tat|sa|che,** die Tatsachen
tat|säch|lich
tät|scheln, er tätschelte
die **Tat|ze,** die Tatzen
der **Tau** (auf der Wiese)
das **Tau** (starkes Seil), die Taue, das Tauziehen
taub, taubstumm
die **Tau|be,** die Tauben

tau|chen, sie tauchte, der Taucher
tau|en, es taute
die **Tau|fe,** die Taufen, taufen
tau|gen, es taugte nichts
tau|meln, sie taumelte
tau|schen, sie tauschte, der Tausch
täu|schen, er täuschte, die Täuschung
tau|send (Hast du Probleme? → Kasten acht)
Täve (→ Gustav)
die **Ta|xe** oder: das Taxi, die Taxen
Te... (siehe auch bei The...)
das **Team** (englisch; sprich: *tiem*), die Teams
die **Tech|nik,** die Techniken, die Techniker, technisch
Ted, Teddy *(englische Kurzform von* → Theodor*)*
der **Ted|dy,** die Teddys
der **Tee***, die Tees
der **Teer,** teeren
der **Teich,** die Teiche
der **Teig,** die Teige
der/das **Teil,** die Teile, teilen, die Teilung

> Den Tee lernten die Europäer von den Chinesen kennen. Die sagten: *te*. Daraus wurde: ***D***: Tee; ***GB***: tea *(tie)*; ***F***: thé *(tee)*; ***I***: tè *(tä)*; ***E***: té *(tee)*; ***CZ***: čaj *(tschai)*; ***NL***: thee *(tee)*; ***TR***: çay *(tschai)*; ***DK***: te *(tee)*; ***GR***: (sprich:) *tsái*; ***SKr***: čaj *(tschai)*

teil|neh|men, sie nahm teil, die Teilnahme

Theo

teil|wei|se

das **Te|le|fax**

das **Te|le|fon,** die Telefone, telefonieren, telefonisch

das **Te|le|gramm,** die Telegramme, telegrafieren

das **Te|le|skop,** die Teleskope

die **Te|le|vi|si|on** (TV)

der **Tel|ler,** die Teller

der **Tem|pel,** die Tempel

das **Tem|pe|ra|ment,** die Temperamente

die **Tem|pe|ra|tur,** die Temperaturen

das **Tem|po,** die Tempos oder: die Tempi

das **Ten|nis**

der **Te|nor,** die Tenöre

der **Tep|pich,** die Teppiche

Teresa, Tess, Tessa, Tessy (→ Theresa)

der **Ter|min,** die Termine

die **Ter|ras|se,** die Terrassen

der **Ter|ror,** der Terrorist

der **Test,** die Tests oder: die Teste, testen

das **Tes|ta|ment,** die Testamente

teu|er, noch teurer

der **Teu|fel,** die Teufel, die Teufelei, teuflisch

der **Text,** die Texte

die **Tex|ti|li|en**

Thea *(Kurzform von →* Dorothea *oder →* Theresa*)*

das **The|a|ter,** die Theater

die **The|ke,** die Theken

Thekla *(alter griechischer Name: Gott + Ruhm, Ehre)*

das **The|ma,** die Themen

Theodor, Theodora, Theodore, Theo *(Gottesgeschenk – Ursprung griechisch)*

die **The|o|lo|gie,** die Theologen

die **The|o|rie,** die Theorien, theoretisch

die **The|ra|pie,** die Therapien

Theresa, Therese, Thery, Thesi *(Frau von der Insel Thera – Ursprung griechisch)*

Englisch: **Teresa** (teriesa), **Tess, Tessy**
Französ.: **Thérèse** (teräs)
Spanisch: **Teresa**
Italienisch: **Teresa**
Polnisch: **Teresa** (teräßa)
Tschech.: **Tereza** (teresa)

das **Ther|mo|me|ter,** die Thermometer

die **Ther|mos|fla|sche,** die Thermosflaschen

Tina

Thilo, Tilo *(Kurzformen von* → Dietrich, Diethelm, Dietmar*)*

Thomas, Tom *(Zwilling – Name aus der Bibel)*
Englisch: **Thomas** (tommeß), **Tommy**
Französ.: **Thomé**
Italienisch: **Tommaso**
Dänisch: **Thomas**
Polnisch: **Tomasz** (tomasch)
Tschechisch: **Toma**

Thorsten (→ Torsten)

der **Thron,** die Throne

Thü|rin|gen, die Thüringer, thüringisch

ti|cken, es tickte

tief, die Tiefe

das **Tier,** die Tiere

der **Ti|ger,** die Tiger

Tilde, Thilde, Tilla, Tilli, Tilly *(kurz für* → Hilde*)*

Till, Tillmann, Tilmann *(Koseformen von* → Dietrich, Diethelm, Dietmar*)*

Tim, Timo, Timm, Timmo *(Nebenformen von* → Dietmar*)*

Tina, Tine, Tini *(Kurzformen von Namen, die mit -ina enden:* → Christina, Bettina*)*

Tino *(Kurzform von italienischen und französischen Namen, die mit -ino enden, z. B.* → Valentino*)*

die **Tin|te,** die Tinten

der **Tipp,** die Tipps, tippen

der **Tisch***, die Tische

der **Tisch|ler,** die Tischler

der **Ti|tel,** die Titel

der **Toast,** die Toasts oder: die Toaste

to|ben, er tobte

Tobias, Tobi, Toby *(Gott ist gütig – Name aus der Bibel)*

die **Toch|ter,** die Töchter

der **Tod,** tödlich, todkrank, todmüde, todsicher (Achtung! Sieh auch unter tot nach!)

die **Toi|let|te,** die Toiletten

to|le|rant, die Toleranz

toll

tol|len, sie tollte

der **Toll|patsch,** die Tollpatsche

die **Toll|wut,** tollwütig

> Bei den Franzosen war toilette das Tuch, auf dem Kamm und Waschzeug lagen. Waschen, Kämmen usw. hieß: faire sa toilette (fähr ßa toalett) = seine Toilette machen. Weil man fürs Klo kein vornehmes Wort hatte, nannte man es ebenfalls so.

Tom, Tommy (→ Thomas)
die **To|ma|te,** die Tomaten
die **Tom|bo|la,** die Tombolas
der **Ton,** die Töne
der **Ton** (Bodenart)
Toni, Tony (Mann oder Frau: → Anton)
Tonio, Tonia (→ Anton)
die **Ton|ne,** die Tonnen
der **Topf,** die Töpfe
das **Tor,** die Tore, der Torwart
der **Tor** (Narr), die Toren, töricht
der **Torf**
tor|keln, er torkelte
der **Tor|nis|ter,** die Tornister
Torsten *(dänischer Name: ein Germanengott hieß Thor)*
die **Tor|te,** die Torten
tot, die Toten, töten, totenstill, sich totlachen
to|tal
das/der **To|to,** der Totoschein
die **Tour,** die Touren
der **Tou|rist,** die **Touristin,** die Touristen
tra|ben, es trabte
die **Tracht,** die Trachten
die **Tra|di|ti|on,** traditionell
der **Tra|fo** (kurz für: Transformator), die Trafos
trä|ge, die Trägheit
tra|gen, sie trug, der Träger
tra|gisch, die Tragik
trai|nie|ren, er trainierte, die Trainer, das Training
der **Trak|tor,** die Traktoren
tram|peln, sie trampelte
tram|pen (sprich: *trämpen*), er trampte, die Tramper
das **Tram|po|lin**
die **Trä|ne,** die Tränen, die Augen tränen
der **Tran|sis|tor,** die Transistoren
das **Trans|pa|rent,** die Transparente
der **Trans|port,** die Transporte
das **Tra|pez,** die Trapeze
die **Trau|be,** die Trauben
Traude, Traudel *(Koseform von* → Gertraud *und* → Waltraud*)*
trau|en, sie traute mir
trau|ern, er trauerte, die Trauer
die **Trau|fe,** die Traufen
der **Traum,** die Träume, träumen
trau|rig°, die Traurigkeit
die **Trau|ung,** die Trauungen
der **Tre|cker,** die Trecker
tref|fen, sie traf, hat getroffen, der Treffer
trei|ben, sie trieb

der **Trend,** die Trends
tren|nen, er trennte, die Trennung
die **Trep|pe,** die Treppen
der **Tre|sor,** die Tresore
tre|ten, sie tritt, er trat, der Tritt, tritt nicht daneben!
treu, die Treue, treulos
der/das **Tri|an|gel,** die Triangel
das **Tri|ath|lon**
das **Tri|bu|nal,** die Tribunale
die **Tri|bü|ne,** die Tribünen
der **Tri|but,** die Tribute
der **Trich|ter,** die Trichter
der **Trick,** die Tricks
trick|sen, er trickst
der **Trieb,** die Triebe
das **Tri|kot,** die Trikots
tril|lern, er trillerte, die Trillerpfeife
sich **trim|men,** er trimmt sich, der Trimmpfad
trin|ken, sie trank, hat getrunken
das **Trio,** die Trios
trip|peln, er trippelte

Tristan

Tristan *(Waffengeklirr – alter keltischer Name)*
der **Tritt,** die Tritte
der **Tri|umph,** die Triumphe, triumphieren
Trix, Trixa, Trixi *(Kurzform von* → Beatrix*)*
tro|cken, die Trockenheit
trock|nen, sie trocknete
der **Trö|del**
trö|deln, sie trödelte
die **Trom|mel,** die Trommeln
die **Trom|pe|te,** die Trompeten
die **Tro|pen**
trop|fen, es tropfte
der **Trop|fen,** die Tropfen
der **Trost,** trösten, trostlos
der **Trot|tel,** die Trottel
trotz des Regens
der **Trotz,** zum Trotz
trotz|dem
trot|zen, sie trotzte, trotzig
trüb, trübe
Trude, Trudel, Trudi (→ Traude)
die **Tru|he,** die Truhen
die **Trüm|mer**
der **Trumpf,** die Trümpfe
der **Trupp,** die Trupps

Ein *Geldschatz* heißt in ***F*** trésor, in ***I*** tesoro und in ***GB*** treasure *(treseher)*. Wir bewahren in einem Tresor Geld und andere Schätze auf. Auch in ***CZ*** heißt es: trezor. Aber in ***GB*** ist dessen Name safe *(säif)* = sicher; ***SKr***: sef; ***PL***: sejf …

Trixi

die **Trup|pe,** die Truppen
tschau! (italienisch: ciao)
das **T-Shirt** (englisch; sprich: *tieschöhrt*), die T-Shirts
die **Tu|be,** die Tuben
das **Tuch,** die Tücher
tüch|tig, die Tüchtigkeit
die **Tü|cke,** die Tücken, tückisch
der **Tüm|pel,** die Tümpel
der **Tu|mult,** die Tumulte
tun, er tat, hat getan
tun|ken, er tunkte, die Tunke
der **Tun|nel,** die Tunnel oder: die Tunnels
tup|fen, sie tupfte, der Tupfer
die **Tür,** die Türen
die **Tur|bi|ne,** die Turbinen
die **Tür|kei,** die Türken, türkisch
der **Turm,** die Türme
tur|nen, sie turnte, der Turner
die **Tu|sche,** die Tuschen
tu|scheln, er tuschelte
die **Tü|te,** die Tüten
TV → Television
der **Typ,** die Typen, typisch

die **U-Bahn,** die U-Bahnen
ü|bel, das Übel, die Übelkeit, der Übeltäter
ü|ben, sie übte, die Übung
ü|ber
ü|ber|all
ü|ber|ein|an|der
ü|ber|fal|len, der Überfall
der **Ü|ber|fluss,** überflüssig
ü|ber|füllt
ü|ber|haupt
ü|ber|le|gen, die Überlegung
ü|ber|le|gen sein
ü|ber|lis|ten, er überlistete
ü|ber|mit|teln, die Übermittlung
ü|ber|mor|gen
der **Ü|ber|mut,** übermütig
ü|ber|nach|ten, sie übernachtete, die Übernachtung
ü|ber|que|ren, sie überquerte
ü|ber|ra|schen, er überraschte, die Überraschung
ü|ber|re|den, die Überredung
ü|ber|schwem|men, er überschwemmte, die Überschwemmung
ü|ber|set|zen, die Übersetzung
die **Ü|ber|sicht,** die Übersichten, übersichtlich

Ulrike

ü|ber|wei|sen, sie überwies, die Überweisung
ü|ber|zeu|gen, sie überzeugte, die Überzeugung
üb|lich
das **U-Boot,** die U-Boote
ü|brig
ü|bri|gens
die **Ü|bung,** die Übungen
Udo *(geerbtes Gut – alter deutscher Name)*
das **U|fer,** die Ufer
die **Uhr***, die Uhren
der **U|hu,** die Uhus
Ukw (Ultrakurzwelle)
Ulf *(Ulv heißt dänisch: Wolf.)*
der **Ulk,** ulkig
Ulla, Ula, Ursula, Ursel, Ursa, Ursine, Uschi *(Bär – Ursprung römisch)*
Ulrich, Uli, Ulli, Ulrik, Ulrike *(alter deutscher Name: Heimat + reich)*
um
um|ar|men, sie umarmte
um|dre|hen, die Umdrehung
um|fan|gen, der Umfang
um|ge|ben, die Umgebung
um|ge|kehrt
um|hän|gen, der Umhang
um|her
um|keh|ren, die Umkehr
der **Um|laut,** die Umlaute
um|lei|ten, die Umleitung
der **Um|riss,** die Umrisse
der **Um|schlag,** die Umschläge
um|so besser!
um|sonst
der **Um|stand,** die Umstände, umständlich
der **Um|weg,** die Umwege
die **Um|welt,** die Umweltverschmutzung
um|zie|hen, der Umzug
un|aus|steh|lich
un|be|dingt
und
un|end|lich, die Unendlichkeit
un|ent|gelt|lich
un|ent|schie|den
un|er|hört
un|er|träg|lich
un|fair

Das alte griechische Wort *hora* für *Zeit* steckt in manchen Sprachen in *Stunde*, in anderen in *Uhr*. ***GB:*** hour *(aur)* = Stunde; ***I:*** orologio *(orolodscho)* = Uhr; ***F:*** heure *(öhr)* = Stunde; ***NL:*** horloge = Uhr; ***E:*** hora *(ora)* = Uhrzeit und Stunde; ***D:*** Uhr

Uwe

der **Un|fall**✿, die Unfälle
der **Un|fug**
Un|garn, die Ungarn, ungarisch
un|ge|fähr
das **Un|ge|heu|er,** die Ungeheuer
un|ge|nü|gend
un|ge|recht, die Ungerechtigkeit
un|ge|wiss, die Ungewissheit
das **Un|ge|zie|fer**
un|ge|zo|gen
das **Un|glück,** die Unglücke
un|glück|lich
un|gül|tig
un|heim|lich
die **U|ni|form,** die Uniformen
die **U|ni|ver|si|tät,** die Universitäten
das **Un|kraut,** die Unkräuter
das **Un|recht**
uns, unser, unsere
die **Un|schuld,** unschuldig
der **Un|sinn,** unsinnig
un|ten
un|ter
die **Un|ter|bre|chung,** die Unterbrechungen
un|ter|ein|an|der
die **Un|ter|füh|rung,** die Unterführungen
un|ter|hal|ten, die Unterhaltung
die **Un|ter|kunft,** die Unterkünfte
un|ter|rich|ten, der Unterricht
un|ter|schei|den, der Unterschied
un|ter|stüt|zen, die Unterstützung
un|ter|su|chen, die Untersuchung
un|ter|wegs
un|ter|wer|fen, die Unterwerfung, unterwürfig
un|ver|schämt, die Unverschämtheit
un|ver|ständ|lich
das **Un|wet|ter,** die Unwetter
un|zäh|lig
ur|alt
die **Ur|groß|el|tern**
der **U|rin**
die **Ur|kun|de,** die Urkunden
der **Ur|laub,** die Urlaube
die **Ur|sa|che,** die Ursachen
der **Ur|sprung,** die Ursprünge, ursprünglich
das **Ur|teil,** die Urteile, urteilen
der **Ur|wald,** die Urwälder
die **USA**
Uta, Utta, Ute (→ Udo)
Uve, Uwe, Uwo *(friesische Form von Namen wie* → Udo*)*

Valentin

Valentin, Valentino, Valentine, Valentina *(kräftig – Ursprung römisch)*

Valerie *(aus der berühmten Familie der Valerier – Ursprung römisch)*

der **Vam|pir,** die Vampire

Vanessa *(Name eines schönen Schmetterlings)*

die **Va|nil|le**

die **Va|se,** die Vasen

der **Va|ter***, die Väter, väterlich, das Vaterunser

der **Ve|ge|ta|ri|er,** die Vegetarier, vegetarisch

die **Ve|ge|ta|ti|on**

das **Veil|chen,** die Veilchen

das **Ven|til,** die Ventile

der **Ven|ti|la|tor,** die Ventilatoren

Vera *(Zuversicht – Ursprung russisch)*

ver|ach|ten, die Verachtung

die **Ve|ran|da,** die Veranden

ver|an|stal|ten, sie veranstaltete, die Veranstaltung

ver|ant|wor|ten, sie verantwortete, die Verantwortung, verantwortlich

das **Verb,** die Verben

der **Ver|band,** die Verbände

ver|bes|sern, er verbesserte, die Verbesserung

ver|beu|gen, die Verbeugung

ver|bie|ten, sie verbot

ver|bin|den, die Verbindung, der Verband

das **Ver|bot,** die Verbote

ver|brau|chen, der Verbrauch, die Verbraucher

das **Ver|bre|chen,** die Verbrecher

der **Ver|dacht,** verdächtigen, verdächtig

ver|dau|en, sie verdaute, die Verdauung

ver|de|cken, das Verdeck

ver|der|ben, es verdirbt, es verdarb, das Verderben

ver|die|nen, der Verdienst

ver|duns|ten, die Verdunstung

ver|dutzt

ver|eh|ren, die Verehrung

der **Ver|ein,** die Vereine

Verena *(die Scheue – Ursprung römisch)*

die **Ver|fas|sung,** die Verfassungen

ver|flixt

ver|fol|gen, die Verfolgung

die **Ver|gan|gen|heit**

ver|ge|ben, die Vergebung, vergeblich

A B C D E F G H I J K L M N O P Q R S T U V W X Y Z

Veronika

ver|ges|sen, sie vergisst, er vergaß, vergiss nicht!
ver|gess|lich
das **Ver|giss|mein|nicht**
ver|glei|chen, er verglich, der Vergleich
sich **ver|gnü|gen,** sie vergnügte sich, das Vergnügen
ver|grö|ßern, sie vergrößerte, die Vergrößerung
ver|haf|ten, er verhaftete, die Verhaftung
ver|hö|ren, das Verhör
ver|kau|fen, der Verkauf, der Verkäufer
der **Ver|kehr**
ver|kehrt
sich **ver|klei|den,** die Verkleidung
ver|lan|gen, er verlangte
ver|län|gern, er verlängerte, die Verlängerung
ver|let|zen, sie verletzte, die Verletzung
ver|lie|ren, er verlor
ver|lo|sen, sie verloste, die Verlosung

der **Ver|lust,** die Verluste
ver|mis|sen, sie vermisste
das **Ver|mö|gen,** die Vermögen
ver|mu|ten, er vermutete, die Vermutung, vermutlich
ver|nich|ten, er vernichtete, die Vernichtung
die **Ver|nunft,** vernünftig
Veronika, Verona, Veronique *(Siegbringerin – Ursprung griechisch)*
ver|pet|zen, sie verpetzte
ver|pfle|gen, die Verpflegung
ver|ra|ten, er verriet, der Verrat, der Verräter
ver|rei|sen, sie verreiste
ver|ren|ken, er verrenkte, die Verrenkung
ver|rückt, die Verrückten
der **Vers,** die Verse
ver|säu|men, er versäumte, das Versäumnis
das **Ver|se|hen,** aus Versehen
ver|sen|den, der Versand
ver|set|zen, die Versetzung
ver|si|chern, sie versicherte, die Versicherung

Holländischer Abzählvers: Donald Duckje zat op 't krukje, krak zei't krukje – weg was Donald Duckje! *(Donald Dückje satt opt krückje, krak säit krückje - wech was Donald Dückje!)* = Donald Dückchen saß auf'm Stühlchen, krach! sagt's Stühlchen – weg war Donald Dückchen.

Viktor

sich **ver|spä|ten,** er verspätete sich, die Verspätung
ver|spre|chen, er versprach, versprochen, das Versprechen
der **Ver|stand,** das Verständnis, verständlich
ver|ste|cken, das Versteck
ver|ste|hen, sie verstand
ver|su|chen, der Versuch, die Versuchung
ver|tei|di|gen, er verteidigte, die Verteidigung
der **Ver|trag,** die Verträge
ver|tra|gen, sie vertrug
ver|trau|en, das Vertrauen
ver|tre|ten, die Vertreter, die Vertretung
ver|un|glü|cken, sie verunglückte
ver|wah|ren, sie verwahrte
ver|wandt, die Verwandten, die Verwandtschaft
ver|wech|seln, die Verwechslung
ver|wel|ken, es verwelkte
ver|wen|den, die Verwendung
ver|wöh|nen, er verwöhnte
ver|wun|den, er verwundete, die Verwundung
das **Ver|zeich|nis,** die Verzeichnisse

ver|zei|hen, sie verzieh, die Verzeihung
ver|zich|ten, er verzichtete, der Verzicht
ver|zwei|feln, sie verzweifelte, die Verzweiflung
der **Vet|ter,** die Vettern
Vico *(Kurzform von Namen wie* → Ludovico*)*
Victor, Viktor, Victoria *(Sieger – Ursprung römisch)*
das **Vieh**
viel, aber: ich → fiel
viel|leicht
viel|mals
vier✿, vierzehn, vierzig, das Viereck, viereckig
(Hast du Probleme? → Kasten acht)

viertel

klein:
um viertel acht
ein viertel Kilogramm
vor drei viertel Stunden

groß:
ein Viertel aller Kinder
um Viertel nach sieben
das erste Viertel

groß und zusammen:
eine Viertelstunde
ein Viertelkilogramm

Du kannst dir das nicht merken? Nicht schlimm! Die meisten Erwachsenen können es auch nicht!

Viktoria

Viktoria
(→ Victoria)
die **Vil|la,** die Villen
Vincenz,
Vincent, Vinzent,
Vincenzo *(Sieger – Ursprung römisch)*
Viola, Violetta, Violet
(Veilchen – Ursprung römisch)
vi|o|lett
die **Vi|o|li|ne,** die Violinen
das **Vi|ta|min,** die Vitamine
Vivian, Viviana, Vivien
(munter – Ursprung römisch)
der **Vo|gel***, die Vögel, die Vogelscheuche
der **Vo|kal,** die Vokale
das **Volk,** die Völker
Volkard, Volkart,
Volkhart *(alter deutscher Name: Kriegsvolk + hart)*
Volker *(alter deutscher Name: Kriegsvolk + Heer)*
Volkmar *(alter deutscher Name: Kriegsvolk + berühmt)*
Volko *(Kurzform zu Namen mit Volk-)*
voll, völlig, vollständig
vom ersten Tag an
von* Anfang an
vor|an
vor|aus|sicht|lich
vor|bei
der **Vor|der|fuß,** das Vorderrad
die **Vor|fahrt**
der **Vor|hang,** die Vorhänge
vor|her
vo|ri|ge Woche
vor|läu|fig
vor|laut
der **Vor|mit|tag,** die Vormittage
(Hast du Probleme? → Kasten Abend)
vorn
vor|nehm
der **Vor|rat,** die Vorräte
der **Vor|schlag,** die Vorschläge
die **Vor|schrift,** die Vorschriften
die **Vor|sicht,** vorsichtig
vor|stel|len, die Vorstellung
der **Vor|teil,** die Vorteile
vor|tragen, der Vortrag
vor|über, vorübergehend
vor|wärts
vor|wer|fen, der Vorwurf
der **Vul|kan,** die Vulkane

Nach dem römischen Blumennamen viola nannten die Franzosen ein kleines Veilchen violette und seine Farbe violet.
Die Farbbezeichnung übernahmen nicht nur wir:
DK, GB, NL: violet; ***PL:*** fioletowy; ***CZ:*** fialový; ***E:*** violeta; ***I:*** violetto

Waltraud

die **Waa|ge,** die Waagen
die **Wa|be,** die Waben
wa|chen, sie wachte, wach, wachsam
das **Wachs,** die Wachse
wach|sen, er wuchs
wa|ckeln, er wackelte
wack|lig oder: wackelig
die **Wa|de,** die Waden
die **Waf|fe,** die Waffen
die **Waf|fel,** die Waffeln
wa|gen, sie wagte
der **Wa|gen**✿, die Wagen
der **Wag|gon/Wa|gon,** die Waggons/Wagons
die **Wahl,** die Wahlen
wäh|len, sie wählte
der **Wahn|sinn,** wahnsinnig
wahr, die Wahrheit, aber: es → war
wäh|rend
wahr|schein|lich
die **Wäh|rung,** die Währungen
die **Wai|se,** die Waisen, aber: die → Weise
der **Wal,** die Wale
Walburga *(alter deutscher Name: herrschen + Burg)*
der **Wald,** die Wälder
Waldemar *(alter deutscher Name: herrschen + groß)*
der **Wall,** die Wälle
die **Wal|nuss,** die Walnüsse
Walter, Walther *(Heerführer – alter deutscher Name)*
Waltraud, Waltraut, Waldtraut *(alter deutscher Name: herrschen + Stärke)*
die **Wal|ze,** die Walzen
die **Wand,** die Wände
wan|dern, er wanderte, die Wanderung
wann
die **Wan|ne,** die Wannen
das **Wap|pen,** die Wappen
es **war** einmal, aber: → wahr
es **wä|re** schön, wenn ...
die **Wa|re,** die Waren
warm, die Wärme
war|nen, sie warnte, die Warnung
du **warst,** ihr wart
war|ten, sie wartete
der **Wär|ter,** die Wärter
war|um
die **War|ze,** die Warzen
was✿ heißt das?
wa|schen, er wäscht, sie wusch, die Wäsche
das **Was|ser**✿, wasserdicht
wa|ten, sie watete
wat|scheln, er watschelte
das **Watt** (1. Wattenmeer, 2. Leistung des elektrischen Stroms)

Walter

die **Wat|te**
das **WC,** die WCs
we|ben, er webte, die Weber, der Webrahmen
wech|seln, sie wechselte
der **Weck,** die Wecke
we|cken, sie weckte, der Wecker
we|deln, sie wedelte
we|der
geh **weg!**
der **Weg,** die Wege
we|gen
weg|neh|men
weg|wer|fen
weh, es tut weh, die Wehe
we|hen, es wehte
weh|ren, sie wehrte sich
das **Weh|weh|chen**
das **Weib,** die Weiber
weich
die **Wei|che,** die Weichen
wei|chen, sie wich
die **Wei|de,** die Weiden (1. Baum, 2. Viehweide)
sich **wei|gern,** sie weigerte sich, die Weigerung
die **Wei|he,** die Weihen, das Weihwasser
das **Weih|nach|ten** oder: die Weihnacht, der Weihnachtstag✿, der Weihnachtsbaum✿
weil
die **Wei|le**
der **Wein,** die Weine, die Weintraube, die Weinlese
wei|nen, er weinte
wei|se sein, die Weisheit
die **Wei|se,** Art und Weise, aber: die → Waise
wei|sen, sie wies den Weg
weiß✿, die Weißglut

weiß

klein:
die weiße Fahne hissen
die weißen Mäuse
eine weiße Weste haben

groß:
Er macht aus Schwarz Weiß.
ein Weißer (weißer Mensch)
die Farbe Weiß

„Frohe Weihnachten!“

GB: Merry Christmas! *(...krißmes)*; ***F:*** Joyeux Noël! *(~~seh~~oajöh ...)*; ***I:*** Buon Natale!; ***DK:*** Glædelig jul! *(gläðelie jul)*; ***PL:*** Wesołych Świąt! *(weßouich ~~seh~~wi~~an~~t)*; ***NL:*** Prettige Kerstdagen! *(pretteche kerstdaachen)*; ***E:*** ¡Feliz Navidad! *(felið navidad)*; ***CZ:*** Veselé vánoce! *(väsälä vaanotze)*

das **Weiß|brot,** die Weißbrote
der **Weiß|kä|se**
weit, weiter, die Weite

> weit
> **klein:**
> bei weitem am größten
> ohne weiteres möglich
> bis auf weiteres
> Sie sah ihn von weitem.
> **groß:**
> Er sucht das Weite.
> Alles Weitere folgt später.

der **Wei|zen**
wel|che, welcher
wel|ken, es welkte, welk
die **Wel|le,** die Wellen
die **Welt,** der Weltraum
wem vertraust du?
wen siehst du?
wen|den, sie wendete sich (auch: sie wandte sich), die Wendung
we|nig, wenigstens

> wenig
> ein wenig
> einige wenige
> umso weniger
> das wenige, das ich habe
> Die wenigsten können es.
> Er weiß zu wenig.
> Nur weniges ist schön.

Werner

wenn du kommst
wer
Wera (→ Vera)
wer|ben, sie wirbt, er warb, hat geworben
die **Wer|bung**
wer|den, es wird, es wurde, ist geworden
wer|fen, sie wirft, er warf, hat geworfen
die **Werft,** die Werften
das **Werk,** die Werke, werken
die **Werk|statt,** die Werkstätten
das **Werk|zeug,** die Werkzeuge
Werner, Wernher *(deutscher Name: Mann aus dem Volk der Warnen + Heer)*
wert sein, viel wert
der **Wert,** die Werte, wertvoll
we|sent|lich
wes|halb
die **Wes|pe,** die Wespen
wes|sen
die **Wes|te,** die Westen
der **Wes|ten,** westlich
West|fa|len, die Westfalen, westfälisch
wes|we|gen
wet|ten, er wettete, die Wette, der Wettkampf
das **Wet|ter**, der Wetterbericht
wet|zen, sie wetzte

Wilma

Wibke, Wiebke *(alter deutscher Name, in dem ein germanisches Wort für Kampf steckt: wig)*

wich|tig

wi|ckeln, sie wickelte

wi|der (gegen), aber: → wieder

wi|der|lich, widerrufen, der Widersacher, widersprechen, der Widerspruch, der Widerstand, der Widerwille, widerwillig, die Widerworte

wid|men, sie widmete, die Widmung

wie

Wiebke (→ Wibke)

wie|der (noch einmal), aber: → wider

wie|der|ho|len, die Wiederholung

das **Wie|der|se|hen**

die **Wie|ge,** die Wiegen

wie|gen, sie wog

wie|hern, es wieherte

die **Wie|se,** die Wiesen

das **Wie|sel,** die Wiesel

wie|so

wie viel, wie viele

wild, die Wildnis

das **Wild**

Wilfried *(alter deutscher Name: Wille + Friede)*

Wilhelm, Willi, Willy, Wilhelmine, Wilhelma, Wim, William, Wilma *(alter deutscher Name: Wille + Helm)*

> Wille
>
> **klein:**
> um Himmels willen!
> Er ist willens zu kommen.
>
> **groß:**
> Ich tue es wider Willen.
> Sie ist guten Willens.
>
> **zusammen:**
> um meinetwillen!

der **Wil|le,** willig

will|kom|men

will|kür|lich

Wiltraud, Wiltrud, Wiltrude *(alter deutscher Name: Wille + Stärke)*

wim|meln, es wimmelte, das Gewimmel

wim|mern, er wimmerte

der **Wim|pel,** die Wimpel

die **Wim|per,** die Wimpern

> Bei germanischen Völkern war ein Name für die Fensteröffnung: Windauge. Bis heute heißt bei den Dänen das Fenster vindue *(windue)* und die Engländer sagen window *(windou)*.

der **Wind,** die Winde, windig
die **Win|del,** die Windeln
win|den, er wand, gewunden, die Windung
Winfried *(alter deutscher Name: Freund + Friede)*
der **Win|kel,** die Winkel
win|ken, sie winkte, hat gewinkt
win|seln, er winselte
der **Win|ter,** die Winter
der **Win|zer,** die Winzer
win|zig
wip|pen, sie wippte, die Wippe
wir
der **Wir|bel,** die Wirbel, wirbeln
wir|ken, es wirkte, die Wirkung
wirk|lich, die Wirklichkeit
wirr, der Wirrwarr
der **Wirt,** die Wirte, die Wirtschaft
wi|schen, er wischte, der Wischer
wis|sen, sie weiß, er wusste, das Wissen, die Wissenschaft
die **Wit|te|rung**
die **Wit|we,** die Witwen
der **Witz,** die Witze, witzig
wo

Wolfgang

die **Wo|che,** die Wochen
wo|für
die **Wo|ge,** die Wogen
wo|her, wohin
wohl, zum Wohl!
woh|nen, sie wohnte, die Wohnung
der **Wolf,** die Wölfe
Wolf *(alter deutscher Name)*
Wolfgang *(alter deutscher Name: Wolf + Streit)*
die **Wol|ke,** die Wolken
die **Wol|le**
wol|len, sie will, sie wollte
wo|ran, worauf, woraus
das **Wort,** die Wörter oder: die Worte, wortlos
wo|rum, worüber, wovon
das **Wrack,** die Wracks
die **Wucht,** wuchtig
wüh|len, sie wühlte
wund sein, die Wunde
das **Wun|der,** die Wunder, sich wundern, wunderbar
der **Wunsch,** die Wünsche
wün|schen, sie wünschte
der **Wurf,** die Würfe
der **Wür|fel,** die Würfel
wür|gen, sie würgte
der **Wurm,** die Würmer
die **Wurst,** die Würste
die **Wür|ze,** würzig
die **Wur|zel,** die Wurzeln
die **Wut,** wütend

Zäzilie

X

die **X-Bei|ne**
x-be|lie|big
Xenia *(Gastfreundin – griech. Ursprung)*
das **Xy|lo|phon,** die Xylophone

Y

die **Yacht**
Yannic, Yannick, Yannik, Yannis *(französ.:* → Johann*)*
das **Yp|si|lon**
Yvo, Yves, Yvonne *(Eibe – französischer Name, verwandt mit deutschem Ivo)*

Z

Zacharias *(Gott erinnert sich an mich – Name aus der Bibel)*
die **Za|cke** oder: der Zacken, die Zacken, gezackt
zäh, die Zähigkeit
die **Zahl**✿, die Zahlen
zah|len, sie zahlte, die Zahlung
zäh|len, er zählte, der Zähler
zahm, gezähmt
der **Zahn,** die Zähne, die Zahnpasta
die **Zan|ge,** die Zangen
zan|ken, er zankte, zänkisch, der Zank
der **Zap|fen,** die Zapfen, das Zäpfchen
zap|peln, sie zappelte
zart, zärtlich, die Zärtlichkeit
zau|bern, er zauberte, der Zauberer
der **Zaun,** die Zäune
Zäzilie (→ Cäcilie)
z. B. (zum Beispiel)
das **Ze|bra,** die Zebras, der Zebrastreifen
die **Ze|cke,** die Zecken
die **Ze|he** oder: der Zeh, die Zehen
zehn✿, ein Zehntel
(Hast du Probleme? → Kasten acht)
das **Zei|chen,** die Zeichen
zeich|nen, sie zeichnete, die Zeichnung
zei|gen, sie zeigte, der Zeiger
die **Zei|le,** die Zeilen

Wer Neues kennen lernt, lernt den Namen gleich mit. Als die Europäer in Afrika Zebras kennen lernten, nannten sie das Tier so wie die schwarzen Eingeborenen: *NL, DK, TR, GB, I, PL*: zebra; *F*: zèbre; *E*: cebra; *SKr*: zèbra (seebra); *CZ*: žebra (~~seh~~ebra)

Zita

die **Zeit**, die Zeiten, eine Zeit lang
die **Zeit|schrift,** die Zeitschriften
die **Zei|tung,** die Zeitungen
die **Zel|le,** die Zellen
das **Zelt,** die Zelte
der **Ze|ment,** zementieren
die **Zen|sur,** die Zensuren, zensieren
der **Zent|ner,** die Zentner
das **Zen|trum,** die Zentren
zer|ren, sie zerrte, die Zerrung
zer|stö|ren, er zerstörte
der **Zet|tel,** die Zettel
das **Zeug**
der **Zeu|ge,** die Zeugen
das **Zeug|nis,** die Zeugnisse
im **Zick|zack** laufen
die **Zie|ge,** die Ziegen
der **Zie|gel,** die Ziegel
zie|hen, sie zog
das **Ziel,** die Ziele, zielen
ziem|lich
die **Zier,** zierlich
sich **zie|ren,** er zierte sich
die **Zif|fer,** die Ziffern
die **Zi|ga|ret|te,** die Zigaretten
die **Zi|gar|re,** die Zigarren
das **Zim|mer**, die Zimmer
der **Zim|mer|mann,** die Zimmerleute
zim|per|lich
der **Zimt**
das **Zinn**
der **Zins,** die Zinsen
der **Zip|fel,** die Zipfel
der **Zir|kel,** die Zirkel
der **Zir|kus,** die Zirkusse
zir|pen, es zirpte
zi|schen, es zischte
Ziska, Zissi, Zissy *(Kurzform von* → Franziska*)*
Zita *(Kurzform von* → Felizitas*)*
die **Zi|tro|ne,** die Zitronen
zit|tern, er zitterte
die **Zit|ze,** die Zitzen
zi|vil, der Zivilist
Zoe (zoë) *(Leben – Ursprung griechisch)*
zö|gern, sie zögerte
der **Zoll,** die Zölle, der Zöllner
Zoltan (soltan) *(ungarischer Name nach dem türkischen Titel Sultan)*

Zeit heißt plattdeutsch Tiet. *Ebbe* und *Flut* heißen hochdeutsch Gezeiten, plattdeutsch Tied/Tiede und **Englisch** tide (taid). Zur *Zeit* sagen die Engländer time (taim), aber die Holländer wieder tijd (täit) und die Dänen tid.

Zoltan

die **Zo|ne,** die Zonen
der **Zoo,** die Zoos
der **Zopf,** die Zöpfe
der **Zorn,** zornig
zu
zu|al|ler|erst
die **Zucht,** züchten
zu|cken, es zuckte
der **Zu|cker,** zuckern
zu|ein|an|der
zu|erst
der **Zu|fall,** die Zufälle, zufällig
zu|frie|den, die Zufriedenheit
der **Zug***, die Züge
der **Zü|gel,** die Zügel
zü|gig
zu|gleich
zu Hau|se sein
der **Zu|hö|rer,** die Zuhörer
die **Zu|kunft**
zu|letzt
mir **zu|lie|be**
zum (zu dem Auto)
zu|min|dest
zu|mu|ten
zu|nächst
zün|den, er zündete
die **Zun|ge,** die Zungen
zup|fen, sie zupfte
zur (zu der Oma)
zu|rück
zu|sam|men
zu|sätz|lich, der Zusatz
der **Zu|stand**
zu|trau|lich
zu|ver|läs|sig
zu|ver|sicht|lich
zu viel, zu wenig
zu|wi|der
der **Zwang,** die Zwänge
zwan|zig
zwar
der **Zweck,** die Zwecke, zwecklos
zwei, zweihundert, zu zweit/zu zweien (Hast du Probleme? → Kasten acht)
der **Zwei|fel,** die Zweifel, zweifeln
der **Zweig,** die Zweige
der **Zwerg,** die Zwerge
die **Zwet|sche/Zwetsch|ge**
zwi|cken, es zwickte
der **Zwie|back,** die Zwiebäcke
die **Zwie|bel,** die Zwiebeln
der **Zwil|ling,** die Zwillinge
zwin|gen, sie zwang, hat gezwungen
der **Zwin|ger,** die Zwinger
zwin|kern, sie zwinkerte
der **Zwirn,** die Zwirne
zwi|schen, der Zwischenfall, der Zwischenraum
zwit|schern, es zwitscherte
zwölf
der **Zy|lin|der,** die Zylinder

Noch zwei Tipps

① Bei manchen Wörtern kannst du dir aussuchen, wie du sie schreiben willst: **Delfin / Delphin**.
Das trifft besonders auf Wörter mit ph und th zu.

So	*oder*	*so kannst du schreiben*:
die Biografie, die Biografien		die Biographie, die Biographien
die Fantasie, die Fantasien, fantasieren, fantastisch		die Phantasie, die Phantasien, phantasieren, phantastisch
die Fotografie, die Fotografien, das Foto, die Fotografin, die Fotokopie, fotografieren		die Photographie, die Photographien, das Photo, die Photographin, die Photokopie, photographieren
die Geographie, geographisch		die Geografie, geografisch
die Kusine, die Kusinen		die Cousine, die Cousinen
das Mikrofon, die Mikrofone		das Mikrophon, die Mikrophone
der Panther, die Panther		der Panter, die Panter
der Paragraph, die Paragraphen		der Paragraf, die Paragrafen
die Stenografie, stenografisch		die Stenographie, stenographisch

② Wörter kann man trennen.
Wie du das machst, siehst du an den **fett** gedruckten Wörtern: **Schim|pan|se**.

Es gibt jedoch oft mehrere Möglichkeiten, ein Wort zu trennen: **dar|an** oder **da|ran**.

In diesem Wörterbuch ist immer nur eine Möglichkeit angegeben.
Am besten ist es, wenn du Wörter gar nicht trennst. Fang doch einfach eine neue Zeile an. Das ist garantiert nicht falsch.

Begegnung in Europa

face

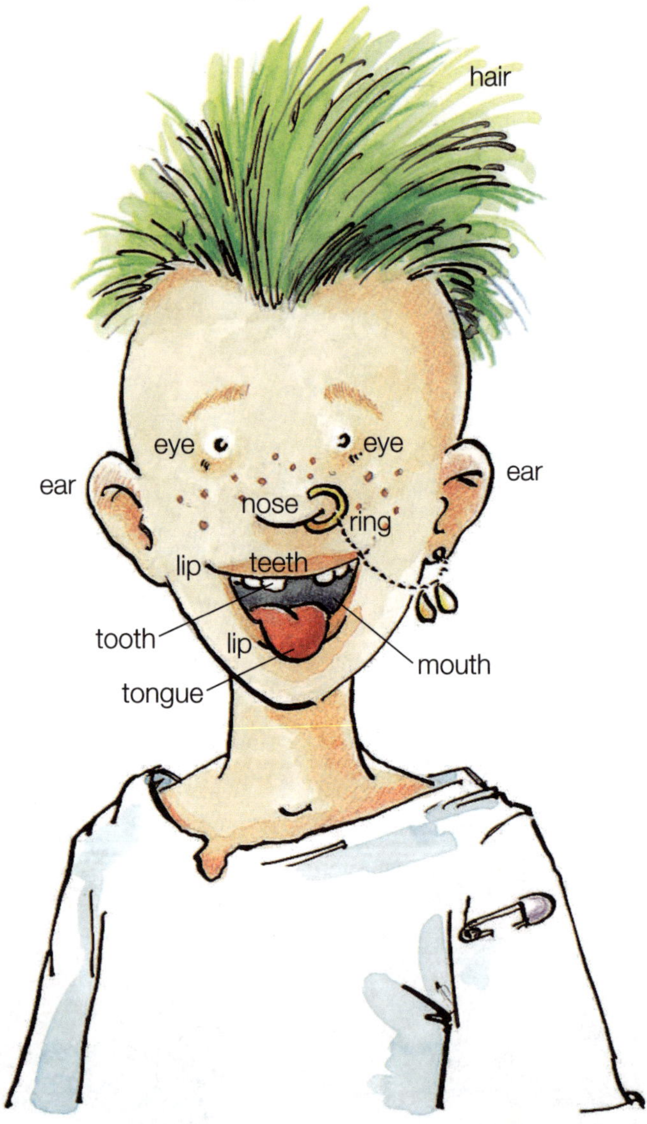
hair
eye
eye
ear
ear
nose
ring
lip
teeth
tooth
lip
mouth
tongue

body

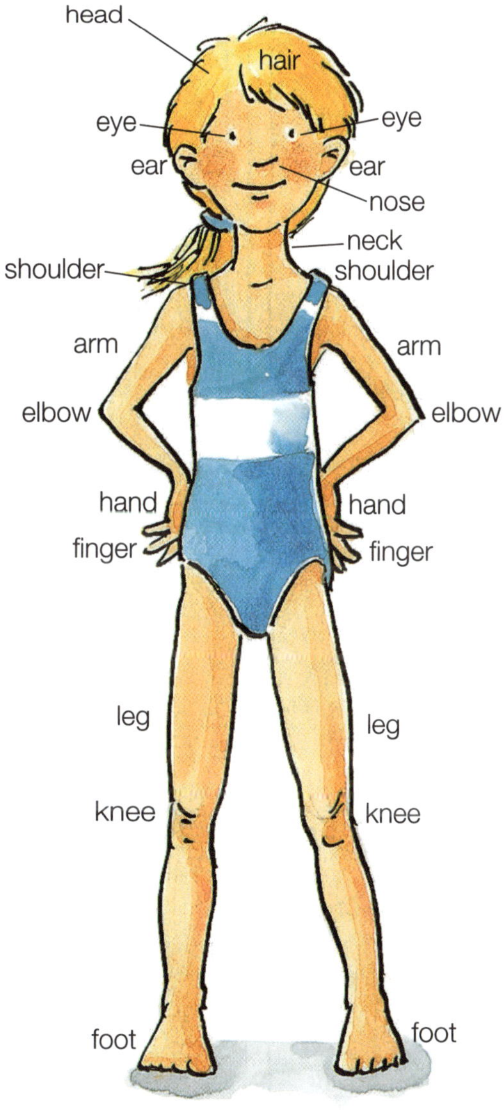
head
hair
eye
eye
ear
ear
nose
neck
shoulder
shoulder
arm
arm
elbow
elbow
hand
hand
finger
finger
leg
leg
knee
knee
foot
foot

clothes

anorak
sock
boots
skirt
shirt
coat
dress
blouse
sweatshirt
T-shirt
slipper
shorts
jacket
jeans
shoes
cap

room
clock
lamp
window
pillow
CD-player
radio
cat
books
bed
door
pencil
dog
paper
desk
guinea pig
chair
television
pyjamas
hanger
book

kitchen

lamp
cupboard
window
plates
cups
glasses
clock
tap
drops of water
kettle
toaster
forks
knives
cooker
fridge
door
washing machine
plate
cup
glass
table
fork
knife
spoon
potatoes

family

grandfather
(grandpa)

grandmother
(grandma)

grandmother
(grandma)

father
(dad, daddy)

mother
(mum, mummy)

son

daughter

brother

sister

numbers

one

two

three

four

five

six

seven

eight

nine

ten

eleven

twelve

days of the week

Monday

Tuesday

Wednesday

Thursday

Friday

Saturday

Sunday

food, fruits
jam
butter
soup
tomat
eggs
orang
sugar
plum
cheese
banar
tomatoes
bananas
bread
apples
potatc
apple
plums
oranges
potatoes

town

houses
cars
garage
windows
house
motor bike
supermarket
taxi
traffic lights
door
bicycle (bike)
car
bus
police officer

spring and summer

spring (March, April, May)

summer (June, July, August)

autumn (September, October, November)

winter (December, January, February)

black

white

grey

Good morning.
Good afternoon.
Good evening.
Good night.
Please.
Thank you.
What's that?
What's the time?

phrases 2

Excuse me.
I'm sorry. (Sorry.)
Hello everybody.
How are you?
Fine.
Let's go.
Goodbye. (Bye-bye.)
Have a nice day.

A

afternoon	Nachmittag
and	und
anorak	Anorak
apple	Apfel
April	April
April showers	Aprilschauer
arm	Arm
August	August
autumn	Herbst

B

banana	Banane
bed	Bett
bicycle (bike)	Fahrrad
big	groß
bird	Vogel
black	schwarz
blouse	Bluse
body	Körper
book	Buch
boots	Stiefel
bread	Brot
brother	Bruder
bus	Bus
butter	Butter
butterfly	Schmetterling

C

cap	Mütze
car	Auto
cat	Katze
CD-player	CD-Spieler
chair	Stuhl
cheese	Käse

Christmas	Weihnachten
clock	Uhr
clothes	Kleidung
cloud	Wolke
coat	Mantel
cooker	Herd
cup	Tasse
cupboard	Schrank

D

daughter	Tochter
day	Tag
December	Dezember
desk	Schreibtisch
dog	Hund
door	Tür
dress	Kleid
drop	Tropfen

E

ear	Ohr
Easter	Ostern
Easter egg	Osterei
egg	Ei
elbow	Ellbogen
evening	Abend
eye	Auge
Excuse me.	Entschuldige!

F

face	Gesicht
falling leaves	fallende Blätter
family	Familie
fat	fett, dick
father	Vater

February	Februar
fine	fein, gut
finger	Finger
flower	Blume
fog	Nebel
food	Speise, Lebensmittel
foot	Fuß
fork	Gabel
Friday	Freitag
fridge	Kühlschrank
fruits	Früchte

G

garage	Garage
glass	Glas
good	gut
goodbye (bye-bye)	auf Wiedersehen
grandfather	Großvater
grandmother	Großmutter
grey	grau
guinea pig	Meerschweinchen

H

hair	Haar
hand	Hand
hanger	Kleiderbügel
happy	glücklich
Have a nice day.	Einen schönen Tag!
head	Kopf
Hello everybody.	Hallo zusammen!
holidays	Ferien
house	Haus
how	wie
How are you?	Wie geht's dir?

I

ice	Eis
ice-cream	Eiskrem
I'm sorry. Sorry. (I am sorry.)	Tut mir Leid.
inline skating	Inline-Skaten

J

jacket	Jacke
jam	Marmelade
January	Januar
jeans	Jeans
June	Juni
July	Juli

K

kettle	Kessel
kitchen	Küche
knee	Knie
knife	Messer

L

lamb	Lamm
lamp	Lampe
leg	Bein
Let's go. (Let us go.)	Lass uns gehen.
lip	Lippe
little	klein

M

March	März
May	Mai
Monday	Montag
morning	Morgen

mother	Mutter
motor bike	Motorrad
mouth	Mund

N

neck	Hals, Nacken
nest	Nest
new	neu
night	Nacht
nose	Nase
November	November
number	Zahl

O

October	Oktober
old	alt
orange	Orange, Apfelsine

P

paper	Papier
pear	Birne
pencil	Bleistift
picnic	Picknick
pillow	Kissen
plate	Teller
please	bitte
plum	Pflaume
police officer	Polizist
potato	Kartoffel
primary school	Grundschule
pyjamas	Pyjama

R

radio	Radio
rain	Regen
ring	Ring
room	Zimmer

S

sad	traurig
Saturday	Samstag
September	September
shirt	Hemd
shoe	Schuh
shorts	Shorts
shoulder	Schulter
sister	Schwester
skirt	Rock
sledge	Schlitten
slipper	Hausschuh
snow	Schnee
snowball	Schneeball
snowflake	Schneeflocke
snowman	Schneemann
sock	Socke
son	Sohn
soup	Suppe
spoon	Löffel
spring	Frühling
storm	Sturm
sugar	Zucker
summer	Sommer
Sunday	Sonntag
sunshine	Sonnenschein
supermarket	Supermarkt
sweatshirt	Sweatshirt
swimming	Schwimmen
swimming pool	Swimmingpool

T

table	Tisch
tap	Wasserhahn
taxi	Taxi
teeth	Zähne
television	Fernseher
thank you	danke
thin	dünn
Thursday	Donnerstag
toaster	Toaster
tomato	Tomate
tongue	Zunge
tooth	Zahn
town	Stadt
traffic lights	Verkehrsampel
T-shirt	T-Shirt
Tuesday	Dienstag

W

washing machine	Waschmaschine
water	Wasser
Wednesday	Mittwoch
week	Woche
What's that? (What is that?)	Was ist das?
What's the time? (What is the time?)	Wie spät ist es?
white	weiß
window	Fenster
winter	Winter

Deutsch	Englisch	Französisch
A		
acht	eight	huit
Affe	ape	singe
alt	old	vieux
andere	other	autre
Apfel	apple	pomme
Apfelsine	orange	orange
April	April	avril
Arm	arm	bras
arm	poor	pauvre
auch	too, also	aussi
auf Wiedersehen	good-bye	au revoir
Auge	eye	œil
August	August	août
B		
Ball	ball	balle
Bauer	farmer	paysan
Baum	tree	arbre
Bein	leg	jambe
beste	best	meilleur
Bett	bed	lit
billig	cheap	bon marché
bitte	please	*bei Freunden und Vertrauten:* s'il te plaît *bei fremden Erwachsenen:* s'il vous plaît
blau	blue	bleu
Bleistift	pencil	crayon
Blume	flower	fleur
braun	brown	brun
Bremse	brake	frein
Brille	glasses	lunettes
Bruder	brother	frère
Buch	book	livre
Bus	bus	bus

Deutsch		Englisch	Französisch
danke	D	thank you	merci
dein(e)		your	ton *oder* ta
Deutschland		Germany	Allemagne
Dezember		December	décembre
Dienstag		Tuesday	mardi
Donnerstag		Thursday	jeudi
drei		three	trois
du		you	tu *oder* toi
eins	E	one	un
Engel		angel	ange
Ente		duck	canard
er		he	il *oder* lui
es		it	il *oder* elle
Fahrrad	F	bicycle, bike	bicyclette
falsch		wrong	faux
Februar		February	février
Flasche		bottle	bouteille
Frau X (als Anrede)		Mrs. *oder* Miss X	madame *oder* mademoiselle X
Freitag		Friday	vendredi
froh		glad	gai
Frühling		spring	printemps
Frühstück		breakfast	petit déjeuner
fünf		five	cinq
Fuß		foot	pied
Fußball		football	ballon
Geburtstag	G	birthday	anniversaire
gehen		walk	aller
gelb		yellow	jaune
geradeaus		straight ahead	tout droit
Geschenk		present	cadeau
Gesicht		face	visage

Deutsch	Englisch	Französisch
G		
Glocke	bell	cloche
glücklich	happy	heureux
grau	grey	gris
Großmutter	grandma	grand-mère
Großvater	grandpa	grand-père
gut	good	bon
H		
Haar	hair	cheveu
haben	have	avoir
Hand	hand	main
Herbst	autumn	automne
Herr X	Mr. X	monsieur X
heute	today	aujourd'hui
hübsch	nice	joli
Hund	dog	chien
Husten	cough	toux
I		
ich	I	moi
Igel	hedgehog	hérisson
ihr (geht ...)	you	vous
ihr (Haus) – *Einzahl*	her	son *oder* sa
ihr (Haus) – *Mehrzahl*	their	votre
ist	is	est
J		
ja	yes	oui
Januar	January	janvier
jetzt	now	maintenant
Juli	July	juillet
Juni	June	juin
K		
Kaffee	coffee	café
Kakao	cocoa	cacao
kalt	cold	froid
Karte	card	carte
Kassette	cassette	cassette
Katze	cat	chat
klein	little, small	petit
Kopf	head	tête

Deutsch	Englisch	Französisch
K		
Kopfschmerzen	headache	mal de tête
Körper	body	corps
krank	ill	malade
Küche	kitchen	cuisine
Kuchen	cake	gâteau
Kuh	cow	vache
L		
lang	long	long
langsam	slow	lent
Licht	light	lumière
lieb	dear, sweet	cher, aimable
Liebe	love	amour
Liebling	darling	chéri
links	left	gauche
M		
machen	make	faire
Mai	May	mai
März	March	mars
Maus	mouse	souris
mein	my	mon *oder* ma
Milch	milk	lait
mir	me	moi
Mittwoch	Wednesday	mercredi
Mond	moon	lune
Montag	Monday	lundi
Morgen	morning	matin
Mutter	mother	mère
N		
Nacht	night	nuit
Name	name	nom
nein	no	non
neu	new	nouveau
Neujahr	New Year	nouvel an
neun	nine	neuf
nicht	not	ne pas
November	November	novembre

Deutsch	Englisch	Französisch
O		
Ohr	ear	oreille
Oktober	October	octobre
Onkel	uncle	oncle
Opa/Oma *siehe* Großvater/Großmutter		
P		
Papa	dad	papa
Post	post	poste
Preis	price	prix
Puppe	doll	poupée
R		
rechts, richtig	right	juste
rot	red	rouge
Rücken	back	dos
S		
Samstag	Saturday	samedi
sauber	clean	propre
Scherz, Spaß	joke	plaisanterie
Schmetterling	butterfly	papillon
schmutzig	dirty	sale
schnell	fast	vite
Schokolade	chocolate	chocolat
Schule	school	école
schwarz	black	noire
Schwein	pig	cochon
Schwester	sister	sœur
sechs	six	six
sehr	very	très
Seife	soap	savon
sein (sein Haus ...)	his	son *oder* sa
September	September	septembre
sie (eine)	she	elle
sie (mehrere)	they	ils *oder* elles
sieben	seven	sept
Socken	socks	chaussettes
Sonne	sun	soleil
Sonntag	Sunday	dimanche
Spaß *siehe* Scherz		

Deutsch		Englisch	Französisch
Spiel	S	game	jeu
Stern		star	étoile
Stiefel		boot	botte
Straße		street	rue
Stuhl		chair	chaise
süß		sweet	doux
Tag	T	day	jour
Tante		aunt	tante
Tee		tea	thé
Tisch		table	table
traurig		sad	triste
Uhr	U	clock, watch	montre
Unfall		accident	accident
Vater	V	father	père
vier		four	quatre
Vogel		bird	oiseau
von		from	de
Wagen	W	car	voiture
was		what	qu'est-ce que
Wasser		water	eau
Weihnachtsbaum		Christmas tree	arbre de Noël
Weihnachtstag		Christmas Day	jour de Noël
weiß		white	blanc
Wetter		weather	temps
wie		how	comment
Winter		winter	hiver
Zahl	Z	number	nombre
zehn		ten	dix
Zeit		time	temps
Zimmer		room	chambre
Zug		train	train

D	Hallo!	Tschüss!	Kommst du mit uns?
NL	Hallo!	Tot ziens!	Kom je met ons mee? *(komm je mät ons mej)*
DK	Dav! oder: Hej! *(dau)* *(hei)*	Farvel! *(farwell)*	Kommer du med os? *(kommer du með os)*
GB	Hello! *(hellou)* Hi! *(hai)*	Bye! *(bai)*	Are you coming with us? *(aar juh kamming wið as)*
F	Salut! *(ßalüh)*	Au revoir! *(oh rewoáhr)*	Tu viens? *(tü wi~~en~~)*
I	Ciao! *(tschao)*	Arrivederci! *(arrivedértschi)*	Vieni con noi? *(wiäni kon noi)*
E	¡Hola! *(olla)*	¡Hasta luego! *(asta luego)*	¿Vienes con nosotros? *(viänes kon nosotros)*
TR	Merhaba! *(merhaba)*	Hoşçakal! *(hoschtschakal)*	Benimle gelir misin? *(benimle gelir mißin)*
GR	Γεια σου! (an ein Kind: *jássu*)	Γεια σου! *(jássu)*	Θα ‘ρθείς μαζί μας? *(ðarðís masí mas)*
POL	Cześć! *(tscheschtsch)*	Cześć! *(tscheschtsch)*	Idziesz z nami? *(id~~sch~~iesch ßnami)*
SKr	Zdravo! *(ßdrawo)*	Zdravo! *(ßdrawo)*	Ideš sa nama? *(idesch ßa nama)*
CZ	Ahoj!	Čau! *(tschau)*	Jdeš s námi? *(jdesch ßnaami)*

Die Ausspracheregeln findest du auf Seite 61.

Bis heute Nachmittag!	Weiß ich nicht.	Super!
Tot vanmiddag! *(tot fanmiddach)*	Weet ik niet.	Prima!
Vi ses i eftermiddag! *(wi sees i eftermidde)*	Ved jeg ikke. *(weə jäi ikke)*	Meget godt! *(mej gott)*
See you this afternoon! *(ßie juh əis aafternuhn)*	I don't know. *(ai dount nou)*	Brilliant! *(brilljent)*
A cet aprés-midi! *(a ßettaprämiddí)*	Je ne sais pas. *(~~sche~~ ne ßä pa)*	Super! *(ßüpähr)*
Ci vediamo nel pomeriggio! *(tschi … pomeríd~~sch~~o)*	Non lo so. *(non lo ßo)*	Benissimo! *(beníßimo)*
¡Hasta la tarde! *(asta la tarde)*	No lo se. *(no lo ße)*	¡Fenomenal! *(fenomenál)*
Öğleden sonraya kadar! *(öhleden ßonraja kadar)*	Bilmiyorum. *(bilmijorum)*	Süper! *(ßüper)*
Ως το απόγευμα! *(os to apójewma)*	Δεν ξέρω. *(əen ksäro)*	Πολύ καλά! *(polí kalá)*
Do zobaczenia! *(do sobatschenia)*	Nie wiem. *(niä wiäm)*	Świetnie! *(schwiätniä)*
Onda, do posljepodne!	Ne znam. *(nee snam)*	Odlično! *(odlitschno)*
Tak odpoledne! *(tak odpolednä)*	Nevím. *(newim)*	Supr!

geschrieben	*gesprochen*	*Bedeutung*
Türkische Mädchen und Frauen		
Arzu	*Arsu*	Wunsch
Gül	*Gül*	Rose
Hilal	*Hilal*	Mondsichel
Müge	*Müge*	Maiglöckchen
Müjde	*Mü~~sch~~de*	gute Nachricht
Neşe	*Nesche*	Freude
Seher	*ßeher*	Morgenröte
Yasemin	*Jaßemin*	Jasmin
Griechische Mädchen und Frauen		
	Agní	die Geheiligte
	Andrómaichi	die wie ein Mann kämpft
	Aphrodíte	So heißt die Liebesgöttin.
	Athína	So heißt die Göttin der Weisheit.
	Dafní	Lorbeer
	Iríni	Frieden
	Soí	das Leben
	Vasíliki	die Königliche
Türkische Jungen und Männer		
Kaya	*Kaja*	Stein
Kemal	*Kemal*	reif
Murat	*Murat*	Wunsch
Şeref	*Scheref*	Ehre
Tayfun	*Tajfun*	Taifun
Volkan	*Wolkan*	Vulkan
Yaşar	*Jaschar*	Er soll leben!
Zafer	*Safer*	Sieg
Griechische Jungen und Männer		
	Atanássios	Unsterblicher
	Chrysóstomos	Goldmund
	Jórgos	Bauer
	Panajótis	der ganz Heilige
	Pétros	Felsen
	Sósoros	Gottesgeschenk
	Sotíris	Retter
	Stávros	Kreuz

Namen von Kindern, die im LolliPop Wörterbuch bisher nicht vorkamen

Diese Kinder haben uns geschrieben:

Alois
Amelie
Anastassja
Ann-Sophie
Attika
Azad
Bahne
Blerina
Carima
Carsten
Cerrin
Clea
Danjal
Deniz
Edoc
Elif
Enes
Ersin
Eugenia
Eyüp
Fatma
Georgina
Gizem
Hatice
Hayat
Henning
Janice
Ioannis
Icmot
Kaan
Koray
Lia
Lynn
Marla
Marte
Massimiliano
Mattis
Mehmet
Mikail
Mohammed
Moshe
Mustafa
Nadège
Nilab
Ozan
Özlem
Pattama
Pinar
Ravenna
Reside
Rojana
Ronja
Samira
Sercep
Serife
Sezer
Sibel
Siham
Simeon
Sinja
Soleila
Tamina
Tjark
Tomir
Torben
Trang
Ugur
Virginia
Viviane
Xanthula
Yahya
Yasin
Yassine
Yazgül
Yelva
Yessim
Yusuf